# glauben. leben. feiern.

Theologische Entdeckungen im Kirchenjahr

---


**Redaktionsteam:**

 **Albrecht Fischer-Braun,** Pfarrer, Theologischer Leiter und Geschäftsführer der Evangelischen Tagungsstätte Löwenstein

 **Frieder Leube,** Diakon, Geschäftsführer Evang. Bildung Reutlingen, Kreisbildungswerk und Haus der Familie

 **Dr. Wolfgang Schnabel,** Pfarrer, Leiter der Evangelischen Erwachsenen- und Familienbildung in Württemberg

 **Karola Vollmer,** Dipl.-Päd., Dipl.-Theol., Leiterin der Fachstelle Ehrenamt der Evangelischen Landeskirche in Württemberg

 **Petra Waschner,** M. A., Geschäftsführerin und Bildungsreferentin Evangelische Erwachsenenbildung im Evangelischen Kirchenbezirk Böblingen



Im Auftrag
der Landesstelle der Evangelischen Erwachsenen- und Familienbildung
in Württemberg (EAEW)
Büchsenstraße 37, 70174 Stuttgart
www.eaew.de / info@eaew.de


---


Gefördert mit Mitteln der Evangelischen Landeskirche in Württemberg

Titelgestaltung, Innenlayout und Satz:
FREIRAUM K. KOMMUNIKATIONSDESIGN
Karen Neumeister, www.freiraum-k.de

**1. Auflage 2020**

Verlag:
© 2020 wbv Publikation
ein Geschäftsbereich der wbv Media GmbH & Co. KG, Bielefeld

Gesamtherstellung und Verlag:
wbv Media GmbH & Co. KG, Bielefeld, wbv.de



Printed in Germany

Best.-Nr. 6004742 (Print)
ISBN: 978-3-7639-6084-2

Bibliografische Informationen der Deutschen Nationalbibliothek:
Die Deutsche Nationalbibliothek verzeichnet diese Publikation in der Deutschen Nationalbibliografie; detaillierte bibliografische Daten sind im Internet über http://dnb.d-nb.de abrufbar.

# Inhalt

Dr. h. c. Frank Otfried July,
Landesbischof

## „Meine Zeit steht in Deinen Händen ..."
### Psalm 31,16

Mitarbeitende in Kirchengemeinden, ja, Christinnen und Christen gehen ein wenig anders durch das Jahr. Unser Leben, unsere Zeit und unsere Tage stellen wir unter das Vorzeichen unseres Glaubens. Wenn wir heute fragen: Was bedeutet es mir heute eigentlich, an Jesus Christus zu glauben? Wie glauben, leben, feiern wir als Gemeinde? – dann gibt das Kirchenjahr einige Anhaltspunkte dafür.

Wer das Kirchenjahr mitfeiert, lernt das Wesentliche des Glaubens kennen. Denn die Feste im Kirchenjahr verweisen auf die Wirklichkeit des Glaubens, die in unser Leben eintreten will: In die Sprache, die Gespräche unseres Alltags hinein klingen Worte der Verheißung aus den Liedern und Liturgien der Feste. Bilder einer anderen Welt, des kommenden Gottesreichs leuchten auf, sind Wegweisung für unser Leben.

Das Kirchenjahr erzählt Gottes Geschichte mit den Menschen und der Welt. Unsere eigenen Geschichten, unsere existenziellen Fragen und Themen lassen sich in diesen geistlichen Resonanzraum einschreiben und neu verstehen. Und weil wir diesen Weg gemeinsam gehen, unsere Erfahrungen wahrnehmen und miteinander ins Gespräch kommen über das, was uns im Glauben verbindet, ereignet sich Gemeinschaft. Und wir werden sprachfähig, können den Grund unseres Glaubens anderen mitteilen – das gehört zum Bildungsauftrag unserer Kirche in der Gesellschaft.

Zu einer Re-Lektüre unserer Lebenszeit und unseres Zusammenlebens als Gemeinde im Licht der Verheißung Gottes, zu einem vertieften Verständnis unseres Glaubens lädt dieses Material ein. Nutzen Sie es zur Entdeckung dessen, was Ihrem Leben Grund zu Glaube, Liebe und Hoffnung gibt. Und zum Segen Ihrer Gemeinde, mit der Sie unterwegs sind durch die Zeit. Ich wünsche allen Teilnehmenden, den Mitarbeitenden in Gremien und der Gemeindearbeit gute Entdeckungen, das Wachsen ihrer Gemeinschaft, neue Einblicke in ihren Glauben und eine gesegnete Reise durch das Kirchenjahr.

Ihr

Dr. h. c. Frank Otfried July
Landesbischof

Frieder Leube, Diakon, Geschäftsführer
Evang. Bildung Reutlingen,
Kreisbildungswerk und Haus der Familie

## glauben. leben. feiern.

### Theologische Entdeckungen im Kirchenjahr

In der Württembergischen Landeskirche wurden in den letzten Jahren einige Theologiekurse und Glaubensseminare entwickelt. Braucht es etwas Neues? Wir sagen ja. Das Besondere dieser „Entdeckungsreisen" – wie wir sie nennen – ist, dass sie das Wesentliche des christlichen Glaubens zusammenführen. Wichtig war uns dabei: Wir wollten keinen „Lernkurs" entwickeln. Entdeckungsreisen sollen es sein, in denen Lebenserfahrungen der Teilnehmenden vorkommen. Raum für Fragen, Zweifel und unterschiedliche Erfahrungen sollen ihren Platz haben.

Manche Christen entdecken bei sich selbst vielleicht eine Unsicherheit, zumindest eine neue Herausforderung in interreligiösen Gesprächen. Es wird zukünftig vermehrt darum gehen, vom eigenen Glauben reden zu können und darin selbstsicherer zu werden. Auch so gesehen können Begegnungen mit Gläubigen unterschiedlicher Religionen ein Gewinn sein.

Beruflich Engagierte in der Evangelischen Erwachsenenbildung in Württemberg haben sich in einem Redaktionskreis zusammengefunden und gefragt: Was ist für uns das Wesentliche am christlichen Glauben? Wir haben gesammelt und sortiert und dabei erkannt, dass das Kirchenjahr das Wesentliche enthält. So entstand der Titel: „glauben. leben. feiern. Theologische Entdeckungen im Kirchenjahr".

Zu diesen Entdeckungsreisen sind sowohl kirchenleitende Gremien als auch interessierte Ehrenamtliche eingeladen.

Ein herzlicher Dank gilt der Württembergischen Landeskirche, die durch einen großzügigen Zuschuss eine weite Verbreitung dieses Buches ermöglicht.

Für das Redaktionsteam

Frieder Leube

# Kurzbeschreibungen

## Weihnachten

**Mach's wie Gott – werd' Mensch**

Es kommt auf die Perspektive an! Wir Menschen sehen Weihnachten und Menschwerdung Gottes unter einem anderen Blickwinkel als Gott selbst. Sich auf verschiedene Sichtweisen einzulassen, eigene Gottesvorstellungen mit den Vorstellungen der Bibel in Zusammenhang zu bringen, Traditionen zu formulieren und neue Wege für den eigenen Glauben zu entdecken, dazu lädt diese Einheit über Weihnachten ein.

Mitarbeitende:
- Dr. Wolfgang Schnabel, Pfarrer und Leiter der Evangelischen Erwachsenen- und Familienbildung in Württemberg
- Günther Alius, Leiter und Bildungsreferent der Evangelischen Erwachsenenbildung im Kirchenbezirk Geislingen
- Christoph Karle, geschäftsführender Pfarrer der Evangelischen Kirchengemeinde Hallwangen
- Maria Rehm-Kordesee, Diakonin und Bildungsreferentin des Evangelischen Kreisbildungswerks Ludwigsburg

## Gründonnerstag

**Die Gemeinschaft der Gäste Jesu**

Die Teilnehmenden reflektieren die menschlichen Facetten von Gemeinschaft anhand von Biografiekarten biblischer Personen aus dem Alten und Neuen Testament. Über die Licht- und Schattenseiten der Männer und Frauen damals wie heute werden Zugänge zur unterschiedlichen Bedeutung des Abendmahls aufgezeigt. Dabei wird neben dem meist vertrauten Aspekt der Sündenvergebung der eher vernachlässigte Aspekt des Gemeinschaftsmahls deutlich.

Mitarbeitende:
- Frieder Leube, Diakon und Geschäftsführer Evang. Bildung Reutlingen, Kreisbildungswerk und Haus der Familie
- Albrecht H. Häußler, Studiendirektor und Leiter des Arbeitskreises der Familienbildungsarbeit Metzingen
- Dr. Andreas Hinz, Schuldekan der Evangelischen Kirchenbezirke Ditzingen und Leonberg und Vorsitzender der Landesarbeitsgemeinschaft Evangelischer Bildungswerke in Württemberg

## Karfreitag

**Wie kann man an Gott glauben angesichts des Leids in der Welt**

Die Teilnehmenden denken über ihre eigene Position zum Thema „Gott und das Leid" nach und tauschen diese mit anderen Teilnehmenden aus. Verschiedene Denkansätze werden vorgestellt und die Teilnehmenden prüfen diese für sich. Zweifel wird als ein wertvoller Teil des Glaubens wahrgenommen.

Mitarbeitende:
- Petra Waschner, M. A., Geschäftsführerin und Bildungsreferentin Evangelische Erwachsenenbildung im Ev. Kirchenbezirk Böblingen
- Stefanie Heimann, Pfarrerin, Theologische Assistentin des Landesbischofs der Evangelischen Landeskirche in Württemberg

## Ostern

**Mehr als ein Morgen**

Christen sind „Leute des Weges". Ziel ist, gegenwärtige Erfahrungen mit der Auferstehung zu machen: Ostern war kein happy beginning! Die Ostergeschichte wird nicht im Sinne eines Rückblicks wahrgenommen. Die Einheit führt vielmehr an den Anfang zurück, um mit den ersten Frauen und Männern, die dem Auferstandenen begegnet sind, den Weg ins Leben zu gehen.

Mitarbeitende:
- Albrecht Fischer-Braun, Theologischer Leiter / Geschäftsführer Evangelische Tagungsstätte Löwenstein
- Dr. Kathrin Messner, Geschäftsführerin und Bildungsreferentin Evangelische Erwachsenenbildung im Rems-Murr-Kreis
- Sarah Peters, Bildungsreferentin Evangelisches Kreisbildungswerk Heilbronn
- Georg Schützler, Pfarrer i. R., bis 2016 Pfarrer an der Friedenskirche in Ludwigsburg und Initiator der Nachteulengottesdienste

## Pfingsten

**Der eine Geist (ver)mag vieles**

Die Einheit über Pfingsten enthält als biblischen Schlüsseltext Apostelgeschichte 2. Die Sendung des Heiligen Geistes wird als Geschenk dargestellt, das die christliche Einheit in Vielfalt erkennen lässt. Die Teilnehmenden setzen sich mit Vielfalt als Bereicherung auseinander. Sie erkennen diese Vielfalt in den unterschiedlichen Gaben jeder Person, in Gestalten der christlichen Konfessionen weltweit und in den vielgestaltigen Formen christlichen Glaubens innerhalb einer Ortsgemeinde.

Mitarbeitende:
- Karola Vollmer, Dipl.-Päd., Dipl.-Theol., Leiterin der Fachstelle Ehrenamt der Evangelischen Landeskirche in Württemberg
- Melanie Scheede, Pfarrerin, Reutlingen
- Christina Jeremias-Hofius, Hochschulpfarrerin in Tübingen

# Didaktische Vorbemerkungen

## Ziele

„glauben. leben. feiern. Theologische Entdeckungen im Kirchenjahr" möchte Interessierte zum Nachdenken über eigene und andere Sichtweisen des Glaubens anregen. Deshalb eröffnet das zusammengestellte Material Zugänge zum Wesentlichen des evangelischen Glaubens anhand fünf grundlegender Fragestellungen:

• Welche Bilder von Gott gibt es?
  Welches Bild gibt Gott von sich in Christus?

• Wie kann versöhnende Gemeinschaft gelingen?
  Welche Bedeutungen hat das Abendmahl?

• Wie ist das Geschehen von Karfreitag zu deuten?
  Wie kann man mit Leid umgehen?

• Was hat Ostern mit dem alltäglichen Leben zu tun?
  Wie kann Auferstehung Hoffnung geben?

• Welche Wirkungen hat der Heilige Geist?
  Wie ist die Vielfalt der Kirchen zu sehen?

Jede der fünf Entdeckungsreisen steht also unter einem theologischen Thema, das mit einem Kirchenfest verknüpft ist: Gottesbilder / Christusverständnis mit Weihnachten, Gemeinschaft / Abendmahl mit Gründonnerstag, Leidfrage mit Karfreitag, Auferstehung mit Ostern, Heiliger Geist / Kirche mit Pfingsten. Dadurch können eigene Erfahrungen eingebracht werden, wie Menschen feiern und glauben, um Traditionen zu entdecken und Neues zu denken.


## Zielgruppen

Bei Mitgliedern von Kirchengemeinderäten, Teilnehmenden an Hauskreisen, ehrenamtlichen Mitarbeiterinnen und Mitarbeitern in der Diakonie und in Kirchengemeinden und weiteren Verantwortlichen in den Gemeinden sowie allen Interessierten an der Erwachsenenbildung soll die Lust geweckt werden, über „Basics" des Glaubens vertiefend ins Gespräch zu kommen. Die Teilnehmenden benötigen keinerlei Vorwissen.

## Arbeitsformen

Die Entdeckungsreisen weisen einen **Zeitbedarf von ca. 90 Minuten** auf, sodass sie z. B. an fünf Abenden oder an einem Wochenende einsetzbar sind. Es können aber auch nur einzelne Einheiten ausgewählt werden, da diese nicht aufeinander aufbauen bzw. einander voraussetzen. Die Entdeckungsreisen zu Ostern und Pfingsten bieten mehrere alternative Varianten an.

## Arbeitsmaterialien

Jede der fünf Entdeckungsreisen besteht aus einer Verlaufsplanung, Materialvorlagen für die TN und Hintergrundtexten für das LT. Die Abkürzung **LT** steht für **Leitungsteam,** die Abkürzung **TN** für **Teilnehmende.**

**(V)** Der eigentlichen **Verlaufsplanung (V)** vorangestellt ist eine knappe Formulierung der Ziele. V gibt in vier Spalten jeweils einen Überblick über Zeitbedarf, Inhalt, Arbeitsform und die benötigten Materialien. Die angegebenen Zeitbedarfe dienen der Orientierung.

**(M)** Die **Materialvorlagen (M)** können im Verlauf der Entdeckungsreisen als Vorlesetexte, Lesetexte, Bilder usw. für die TN während der Durchführung eingesetzt werden.

**(H)** Die **Hintergrundtexte (H)** sind in erster Linie für das LT gedacht und enthalten weitergehende Informationen. Diese Texte können im Einzelfall zur persönlichen Weiterarbeit am Ende der Entdeckungsreisen an die TN mitgegeben werden.

---

Die Materialvorlagen sind abrufbar unter www.wbv.de/glauben_leben_feiern/materialvorlagen
Der Downloadcode lautet: **Q7Yfutix**

Die Verlaufsplanungen sind abrufbar unter www.wbv.de/glauben_leben_feiern/verlaufsplanungen
Der Downloadcode lautet: **nk7exhi2**

# Weihnachten

## 1. Entdeckungsreise

# Mach's wie Gott – werd' Mensch ...

1. Entdeckungsreise: Weihnachten

**Ziele der Entdeckungsreise:**

- Die TN werden bei ihren eigenen Erfahrungen zum Thema Weihnachten und Gottesbild abgeholt und können diese einbringen.

- Die TN nehmen einen Perspektivwechsel vor vom „Wie wir Gott sehen" zum „Wie Gott sich sehen lässt" und reflektieren ihre Gottesvorstellungen und die anderer.

- Die TN erfassen die Gegensätzlichkeit des Weihnachtsgeschehens im Blick auf Gott und die Auswirkungen auf eigene Gottesvorstellungen.

- Die TN vollziehen einen zweifachen Perspektivwechsel: von Mensch zu Gott und von Gott im Himmel (fern, groß, ewig) zum Kind in der Krippe (nah, klein, zeitlich).

# V  Verlauf

| Zeit | Inhalt | Arbeitsform | Material |
|---|---|---|---|
| 5' | **1. Einstieg: Göttliche und menschliche Sichtweisen**<br><br>Das LT begrüßt die TN und führt ein:<br>*„Wir haben alle von Gott so unsere Vorstellungen; aber Gott stellt sich auch uns vor – und zwar an Weihnachten. Darum soll es jetzt gehen in den Schritten:*<br><br>*Wie wir Weihnachten sehen und wie Gott Weihnachten sieht.*<br><br>*Wie wir Gott durch Weihnachten sehen und wie Gott sich an Weihnachten sehen lässt.*<br><br>*Wie Gott sich selbst an Weihnachten ansieht und wie wir dadurch Weihnachten inzwischen sehen."* | Die TN sitzen in einem Stuhlkreis, in dessen Mitte eine Marienfigur mit Kind in der Krippe steht. Vor jedem Stuhl liegen ein Gesangbuch, eine Landkarte (M1), 3 Kärtchen und ein Stift. In zwei Ecken stehen zwei Pinnwände, auf deren Rückseite die gegensätzlichen Begriffe aus Lk 2 (M2a) und Joh 1 (M2b) angebracht sind:<br><br>**1. Pinnwand:** Hirten – Krippe – Windeln (Lk 2) + Finsternis – Aus dem Willen eines Mannes geboren – Fleisch – die Seinen nahmen ihn nicht auf (Joh 1)<br><br>**2. Pinnwand:** Engel – Ehre sei Gott – Klarheit des Herrn (Lk 2) + Licht der Menschen – von Gott geboren – Wort – kam in sein Eigentum (Joh 1) | Marienfigur mit Kind in Krippe<br><br>Gesangbücher<br><br>Kärtchen<br>Stifte<br><br>Zwei Pinnwände<br><br>(M1) Landkarte<br><br>(M2) Bibeltexte<br><br>(M3) Begriffe |
| 15' | **2. Wie wir Weihnachten sehen**<br><br>Das LT leitet die TN an:<br>*„Was verbinden Sie mit Weihnachten? Bitte wählen Sie 2–3 Begriffe aus der Landkarte aus und schreiben Sie diese auf die Karten. Danach legen Sie Ihre Karten zur Krippendarstellung."*<br><br>Das LT fordert die TN auf:<br>*„Nehmen Sie Ihre Karten und erzählen Sie, warum Sie gerade diese Begriffe gewählt haben."* | Die TN schreiben 2–3 Begriffe auf und legen sie zur Krippendarstellung.<br><br>Die TN nehmen nacheinander ihre Karten und erzählen einander ihre Weihnachtsverknüpfungen. | (M1) Landkarte<br><br>Kärtchen<br>Stifte |

| Zeit | Inhalt | Arbeitsform | Material |
| --- | --- | --- | --- |

15'  **3. Wie Gott Weihnachten sieht**

| | | |
| --- | --- | --- |
| Das LT führt ein:<br>*„Wir sind zwar nicht Gott, aber rein hypothetisch:*<br>*Wie stellen wir uns vor, wie Gott von oben auf das Geschehen in Bethlehem herabschauen würde?*<br><br>*Was könnte er denken?*<br><br>*Nehmen wir einen Rollenwechsel vor und schauen das Ganze von oben an. Bitte stehen Sie dazu auf. Wer möchte, kann sich auf seinen Stuhl stellen.“* | Die TN stehen auf, stellen sich evtl. auf ihren Stuhl und sehen von oben auf die Krippendarstellung.<br><br>Das LT liest Lk 2,1–20 (M2a) mit Betonung der fett gedruckten Begriffe vor, während alle stehen.<br><br>Danach setzen sich die TN wieder. | (M2) Bibeltexte |

10'  **4. Wie wir Gott durch Weihnachten sehen**

| | | |
| --- | --- | --- |
| Das LT fragt die TN:<br>*„Was würden Maria, Josef, die Hirten von Gott denken in der Situation von Bethlehem mit Stall und Krippe?*<br><br>*Welche Gottesvorstellungen stehen dahinter?*<br><br>*Welche Gottesbilder scheinen durch?*<br><br>*Welche Gottesbilder haben wir?“*<br><br>Die TN äußern sich zu Gottesvorstellungen. | Plenum<br><br><br>Gruppengespräch | (H1) Gottesbilder<br><br>(H2) Projektionstheorie |

| Zeit | Inhalt | Arbeitsform | Material |
|---|---|---|---|
| 20' | **5. Wie Gott sich an Weihnachten sehen lässt**<br><br>Das LT kündigt an:<br>*„Wir hören nun den Anfang des Johannes-evangeliums."* | Das LT liest Joh 1,1–18 (M2b) mit Betonung der fett gedruckten Begriffe vor. | (M2) Bibeltexte |
| | Das LT fordert die TN auf:<br>*„Bitte teilen Sie sich in zwei gleich große Gruppen und stellen Sie sich hinter einer Pinnwand auf."* | Die TN teilen sich gleichmäßig auf und stellen sich hinter die beiden Pinnwände. | (M3) Begriffe |
| | Das LT fordert die TN auf:<br>*„Nun lesen wir immer gemeinsam je einen Begriff im Wechsel zwischen beiden Gruppen. Es beginnt Gruppe 1, dann folgt Gruppe 2, dann wieder Gruppe 1 usw. Bitte lassen Sie genügend Pausen zwischen den vorgelesenen Begriffen."* | Die TN lesen gruppenweise im Wechsel, eine Person pro Gruppe gibt dabei den Einsatz, indem sie auf den entsprechenden Begriff zeigt. | |
| | Das LT fordert die TN auf:<br>*„Bitte setzen Sie sich wieder. – Wie hat das auf Sie gewirkt?"* | Die TN kommen wieder in den Stuhlkreis und äußern sich spontan. | |
| 5' | **6. Wie Gott sich selbst an Weihnachten ansieht**<br><br>Das LT führt aus:<br>*„Wie sieht Gott Weihnachten? Er sieht sich auch selbst. Bitte stehen Sie auf und sehen nochmals von oben auf die Krippendarstellung. Danach knien oder legen Sie sich auf den Boden und schauen von unten nach oben."* | Die TN stehen auf und sehen noch einmal von oben auf die Krippendarstellung. Danach knien oder legen sich die TN hin und sehen von unten nach oben. | (H3) Erläuterungen zu den Bibeltexten |
| | Das LT führt aus:<br>*„Gott sieht nicht nur aus der Herrlichkeit von oben nach unten, er sieht auch von unten als Kind in der Krippe nach oben. Er ist allmächtig und zugleich ohnmächtig. Er ist fern und zugleich nah. Er ist groß und ewig und zugleich klein und zeitlich. Gott sieht sich selbst an an Weihnachten und er sieht uns an!"* | | |

| Zeit | Inhalt | Arbeitsform | Material |
| --- | --- | --- | --- |
| 10' | **7. Wie Gott uns an Weihnachten ansieht**<br><br>Das LT fordert die TN auf:<br>*„Bitte stehen Sie auf, warten Sie einen Moment und setzen sich wieder."*<br><br>Das LT fragt die TN:<br>*„Was wir nachvollzogen haben: Gott schaut uns von oben an und zugleich aus der Krippe. Was bedeutet das für unser Gottesbild?"*<br><br>Die TN äußern sich spontan. Das LT fragt:<br>*„Gott möchte mit uns in Beziehung kommen – darum kommt der Ferne uns so nah, bricht das Licht in die Finsternis, wird Gott Mensch. Dies kommt auch in Weihnachtsliedern zum Ausdruck, von denen wir nun eines singen."* | Die TN stehen auf, warten kurz und setzen sich wieder.<br><br><br><br><br><br><br><br>Die TN singen aus dem Gesangbuch<br><br>EG 23<br>Gelobet seist du, Jesu Christ<br><br>oder<br><br>EG 27<br>Lobt Gott, ihr Christen alle gleich<br><br>oder<br><br>EG 34<br>Freuet euch, ihr Christen alle | <br><br><br><br><br><br><br><br>Ev. Gesangbuch |
| 10' | **8. Wie wir inzwischen Weihnachten sehen**<br><br>Das LT fragt die TN:<br>*„Wenn Sie auf Ihre Karten vom Anfang schauen: Was hat sich geklärt?*<br><br>*Was ist offen geblieben?*<br><br>*Was nehme ich für mein Verständnis, Weihnachten zu feiern, mit?"* | Die TN holen ihre eigenen Karten vom Anfang hervor und äußern sich zu den Fragen. | Kärtchen |

# (M1) Material

den Himmel nah
Eiszeit
Talfahrt
Kirchen-besuch
Flucht weg
abtauchen
nah am Wasser gebaut
Frieden ?!
Hocherlebnis
schlepp dich mal weiter
Rodelspaß
Hüttenzauber
innere Wärme
Schaulaufen
Harmonie
Gasthaus gutes essen
Pfad der Erschöpfung
Besinnungsweg
Nerven-mühle
Weihnachts-lieder & -konzerte
Schnee
Tradition
Krippe
Stauwanderung
Pause zum Durchatmen
Absturz-gefahr
Sumpfgebiet
Kurort
Spiel + Spaß
im Kreis der Familie
Zeit
WO SEH ICH MICH AN WEIHNACHTEN ?
Schmelztiegel der Gefühle
Vulkanausbruch
Unterschlupf
Urlaub
Geschenke (besorgen)
KAUFHAUS Konsum
einsame Ödnis

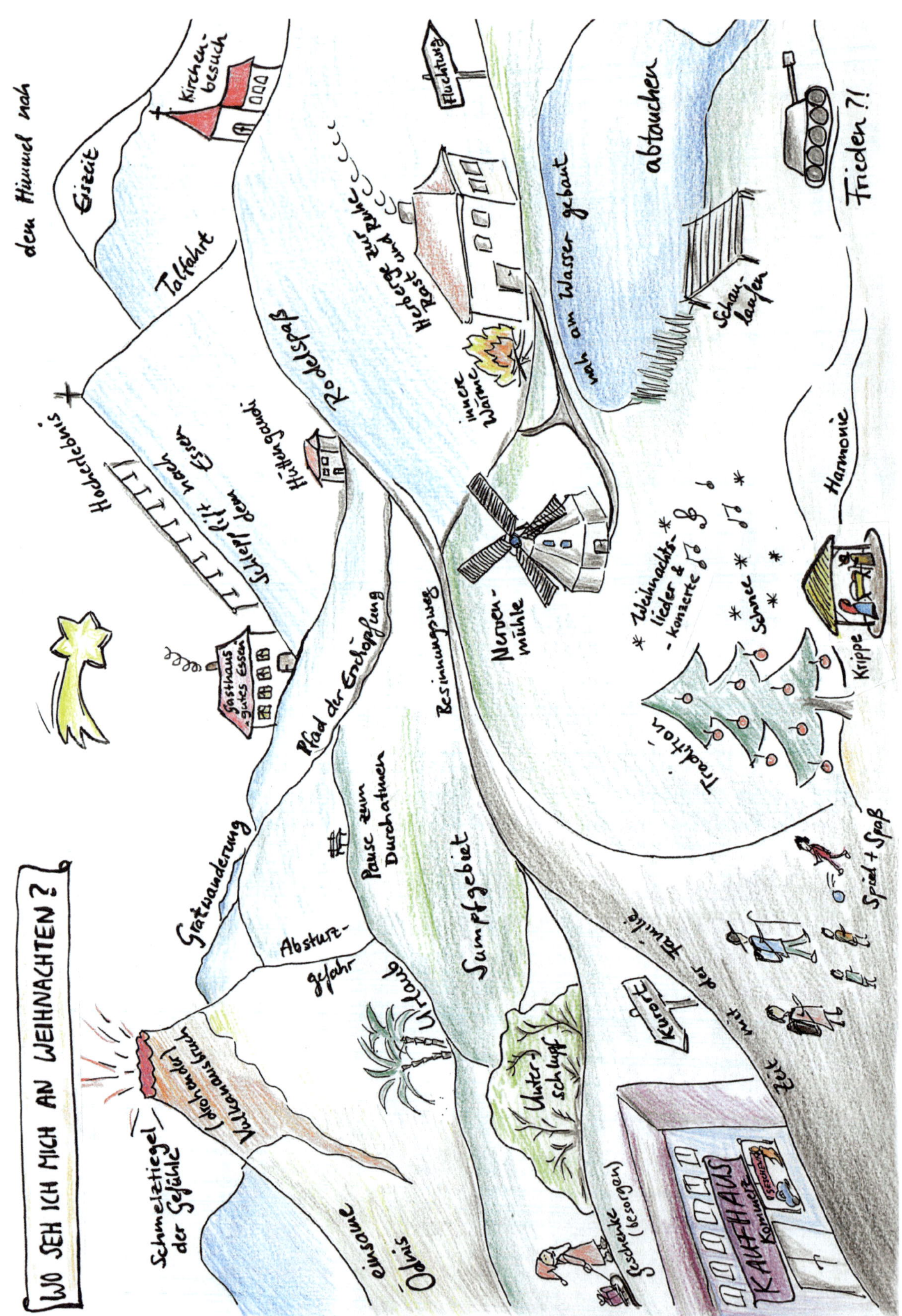

# Bibeltext Lukas 2, 1–20

## Das Weihnachtsevangelium nach Lukas

[1] Es begab sich aber zu der Zeit, dass ein Gebot von dem Kaiser Augustus ausging, dass alle Welt geschätzt würde.

[2] Und diese Schätzung war die allererste und geschah zur Zeit, da Quirinius Statthalter in Syrien war.

[3] Und jedermann ging, dass er sich schätzen ließe, ein jeglicher in seine Stadt.

[4] Da machte sich auf auch Josef aus Galiläa, aus der Stadt Nazareth, in das judäische Land zur Stadt Davids, die da heißt Bethlehem, darum dass er von dem Hause und Geschlechte Davids war,

[5] auf dass er sich schätzen ließe mit Maria, seinem vertrauten Weibe; die war schwanger.

[6] Und als sie daselbst waren, kam die Zeit, dass sie gebären sollte.

[7] Und sie **gebar** ihren ersten Sohn und **wickelte ihn in Windeln** und legte ihn in eine **Krippe**; denn sie hatten sonst keinen Raum in der Herberge.

[8] Und es waren Hirten in derselben Gegend auf dem Felde bei den Hürden, die hüteten des Nachts ihre Herde.

[9] Und **des Herrn Engel** trat zu ihnen, und die **Klarheit des Herrn leuchtete** um sie; und sie fürchteten sich sehr.

[10] Und der Engel sprach zu ihnen: Fürchtet euch nicht! Siehe, ich verkündige euch große Freude, die allem Volk widerfahren wird;

[11] denn euch ist heute **der Heiland geboren**, welcher ist **Christus, der Herr**, in der Stadt Davids.

[12] Und das habt zum Zeichen: Ihr werdet finden **das Kind in Windeln gewickelt und in einer Krippe liegen**.

[13] Und alsbald war da bei dem Engel die **Menge der himmlischen Heerscharen**, die lobten Gott und sprachen:

[14] **Ehre sei Gott in der Höhe** und **Friede auf Erden bei den Menschen** seines Wohlgefallens.

[15] Und da die **Engel** von ihnen gen **Himmel** fuhren, sprachen die Hirten untereinander: Lasst uns nun gehen gen Bethlehem und die Geschichte **sehen**, die da **geschehen** ist, die uns **der Herr kundgetan** hat.

[16] Und sie kamen eilend und fanden beide, Maria und Josef, dazu das Kind in der Krippe liegen.

[17] Da sie es aber gesehen hatten, breiteten sie das Wort aus, welches zu ihnen von diesem Kinde gesagt war.

[18] Und alle, vor die es kam, wunderten sich über die Rede, die ihnen die Hirten gesagt hatten.

[19] Maria aber behielt alle diese **Worte** und bewegte sie in ihrem **Herzen**.

[20] Und die Hirten kehrten wieder um, priesen und lobten Gott für alles, was sie gehört und gesehen hatten, wie denn zu ihnen gesagt war.

#  Material

## Bibeltext Johannes 1, 1–18

### Der Prolog des Johannesevangeliums

[1] Im Anfang war das Wort, und das Wort war bei **Gott**, und Gott war das Wort.

[2] Dasselbe war im Anfang bei Gott.

[3] Alle Dinge sind durch dasselbe gemacht, und ohne dasselbe ist nichts **gemacht**, was gemacht ist.

[4] In ihm war das Leben, und das Leben war das Licht der Menschen.

[5] Und das **Licht scheint** in der Finsternis, und die **Finsternis hat's nicht ergriffen**.

[6] Es war **ein Mensch, von Gott gesandt**, der hieß Johannes.

[7] Der kam zum Zeugnis, damit er von dem Licht zeuge, auf dass alle durch ihn glaubten.

[8] Er war nicht das Licht, sondern er sollte zeugen von dem Licht.

[9] Das war **das wahre Licht**, das alle Menschen **erleuchtet**, die in diese Welt kommen.

[10] Es war **in der Welt,** und die **Welt** ist durch dasselbe **gemacht**; und die **Welt** erkannte es nicht.

[11] Er kam in sein Eigentum; und die Seinen nahmen ihn nicht auf.

[12] Wie viele ihn aber **aufnahmen**, denen gab er Macht, **Gottes Kinder** zu werden: denen, die an seinen Namen **glauben**,

[13] die nicht aus **menschlichem Geblüt** noch aus dem **Willen des Fleisches** noch aus dem **Willen eines Mannes**, sondern **aus Gott geboren sind**.

[14] Und das Wort **ward Fleisch** und wohnte unter uns, und **wir sahen seine Herrlichkeit**, eine Herrlichkeit als des eingeborenen Sohnes vom Vater, voller Gnade und Wahrheit.

[15] Johannes zeugt von ihm und ruft: Dieser war es, von dem ich gesagt habe: Nach mir wird kommen, der vor mir gewesen ist; denn er war eher als ich.

[16] Von seiner Fülle haben wir alle genommen Gnade um Gnade.

[17] Denn das **Gesetz** ist durch Mose gegeben; die **Gnade und Wahrheit** ist durch Jesus Christus geworden.

[18] **Niemand hat Gott je gesehen**; der **Eingeborene**, der Gott ist und in des Vaters Schoß ist, der **hat es verkündigt**.

*Lutherbibel, revidiert 2017, © 2016 Deutsche Bibelgesellschaft, Stuttgart*

# **M3** Material

## Begriffe zu Lukas 2 und Johannes 1

**(zu Lukas 2)**

| Pinnwand 1 | Pinnwand 2 |
|---|---|
| • Engel<br>• Klarheit des Herrn<br>• Menge der himmlischen Heerscharen<br>• Ehre sei Gott in der Höhe<br>• der Herr hat kundgetan | • Hirten<br>• Krippe<br>• Windeln<br>• Friede auf Erden bei den Menschen<br>• sehen was geschehen ist |

**(zu Johannes 1)**

| Pinnwand 1 | Pinnwand 2 |
|---|---|
| • Gott<br>• Licht<br>• kam in sein Eigentum<br>• aus Gott geboren<br>• sahen seine Herrlichkeit<br>• Gnade und Wahrheit<br>• der Eingeborene hat es verkündigt | • Mensch<br>• Finsternis<br>• die Seinen nahmen ihn nicht auf<br>• aus dem Willen des Fleisches geboren<br>• ward Fleisch<br>• Gesetz<br>• niemand hat Gott je gesehen |

#  H1 Hintergrund

## Entstehung von Gottesbildern

**Justin L. Barrett, Psychologe an der Fuller Graduate School:** Jeder Mensch besitzt eine natürliche Anlage zur Entwicklung eines Gottesbildes. Der menschliche Geist entwickelt sich so, dass es bereits im Kindesalter leichtfällt, an Gott oder die Götter der eigenen Kultur zu glauben. Unsere Anlage, die Natur als sinnvoll und für einen Zweck geschaffen zu betrachten, kann Kinder sogar dazu befähigen, die Idee eines Gottes ganz für sich allein zu entwickeln, ohne je mit religiösen Ideen in Berührung gekommen zu sein. Tarzan hätte also an Gott glauben können. Die Vorstellung eines Schöpfergottes entspricht unseren natürlichen Intuitionen. Daher: Gegen das Bild einer absichtsvoll eingerichteten Welt anzugehen, verlangt Erziehung und Energie. Oder anders gesagt: Keiner wird als Atheist geboren, sondern muss dazu geformt werden. („Born Believers. The Science of Children's Religious Belief", The Free Press, 2012).

**Konika Banerjee und Paul Bloom, Psychologen an der Yale University:** Kinder neigen zwar zu teleologischen Erklärungen – Wolken sind fürs Regnen da, und es regnet, damit die Bäume trinken können. Doch es gibt keine Hinweise, dass sie von solchen Erklärungen auf die Existenz eines oder mehrerer Schöpfergötter schließen. Zudem erfinden Kinder keine neuen Gottheiten, so wie taub geborene Kinder spontan eine Zeichensprache entwickeln, sondern übernehmen die ihrer Kultur. Sie beginnen ihre religiöse Entwicklung auch nicht als Polytheisten, um sich dann zum historisch späteren Monotheismus zu bekehren. Auch wenn Kinder bisweilen zum Entsetzen ihrer atheistischen Eltern religiöse Überzeugungen entwickeln, bedeutet dies nicht, dass sie sie selbst erdacht hätten. („Would Tarzan believe in God? Conditions for the emergence of religious belief", in: Trends in Cognitive Sciences, Jg. 17, Heft 1, 2013)

**Ara Norenzayan und Will M. Gervais, Psychologen:** Zwar passen Gottesvorstellungen gut zum menschlichen Geist und haben daher einen „Startvorteil" gegenüber dem Atheismus. Die Anzahl der Ungläubigen ist aber zu groß und der Atheismus ein zu beständiges Phänomen, als dass sie auf die bewusste Überwindung natürlicher Überzeugungen zurückgehen könnten. Vielmehr teilen sich Glaube und Unglaube dieselben Entstehungswege: Wer seelenblind ist, wer sich nicht in andere Menschen hineinversetzen kann, wird auch keine Vorstellung von Gott entwickeln können. Wer einfach kein Interesse an religiösen Ideen und an dem Halt, den sie bieten, hat, wird auch kein gläubiger Mensch werden. Bekommen Menschen gar nicht erst die Chance, religiöse Gottesvorstellungen kennenzulernen, ist es ebenfalls sehr unwahrscheinlich, dass sie gläubige Menschen werden. („The origins of religious disbelief", in: Trends in Cognitive Sciences, Jg. 17, Heft 1, 2013).

**Reflexionsfragen für das LT:**
- Wie hat sich Ihr Gottesbild entwickelt?
- Wie würden Sie Ihr Gottesbild beschreiben / aufmalen?
- Wer oder was hat Sie bei Ihrem Gottesbild geprägt?
- Ist Ihr Gottesbild personal (Gott als Du) und damit auf Beziehung angelegt?
- Oder ist Ihr Gottesbild unpersönlich (Gottheit als Es) und damit über- / außerseiend?

 **Hintergrund**

# Die Gottesvorstellung laut der Projektionstheorie von Ludwig Feuerbach (1804 – 1872)

## Grundgedanke

Der Mensch schuf Gott nach seinem Bild! Das menschliche Wesen in seiner Sinnlichkeit (nicht als reine Vernunft wie bei Kant) wird Inbegriff des Unendlichen. Weil der menschliche Verstand das Unendliche denken kann, ist er selbst unendlich. Das unbeschränkte Selbstgefühl ist durch sich selbst gut, religiös, göttlich, es ist sich selbst Gott. Alle Gottesvorstellungen sind unverständig, weil sie Ausdruck eines falschen Bewusstseins sind.

## Projektionstheorie

### 1. Stufe: Selbstbewusstsein

Zuerst weiß der Mensch nur um sich selbst, ist sein eigenes Wesen Gegenstand des Bewusstseins.

### 2. Stufe: Selbstentfremdung

Dann tritt der Mensch als Individuum dem Menschen als Gattung gegenüber, ohne die Identität beider zu kennen, sodass die Gottesvorstellung geboren wird.

### 3. Stufe: Selbstverneinung

Diese Trennung zwischen menschlicher Gattung und Individuum wird aufgehoben durch die Identität derselben. Das Verhältnis des Menschen zu Gott ist in Wirklichkeit das Verhältnis des Menschen zu sich selbst. Der Mensch stellt sich Gott als allmächtig und gut nur deshalb vor, weil er sich selbst als allmächtig und gut wünscht. Gottesglaube ist Projektion menschlicher Wünsche und Träume.

Folgerung: Wenn der Gottesglaube ein Ergebnis menschlichen Wunschdenkens ist, wenn Gott nur noch Inbegriff menschlicher Eigenschaften ist, hört Gott auf zu existieren und Glaube ist Selbstbetrug.

## Anfrage

**Ist Gottesglaube Illusion und Gott das Produkt einer Täuschung?**

• Problematischer Zirkelschluss: Feuerbach beweist nicht die Nichtexistenz Gottes, sondern er setzt sie voraus und argumentiert daher im Kreis: Weil es Gott nicht gibt, bildet ihn sich der Mensch ein, darum gibt es Gott nicht. Außerdem versucht Feuerbach das Gottesbild im Rückgriff auf ein Menschenbild zu erklären, das nur die verweltlichte Form der christlichen Gottesvorstellung ist. Der Feuerbach'sche Mensch ist von Gott abgeleitet.

- Problematisches Menschenbild: Wie wird der Mensch so groß, dass er sich um Gott verwechseln kann? Wie kann aus dem vergänglichen, scheiternden Menschen das Bild des ewigen, herrschenden Gottes werden? Feuerbach verteidigt sich mit dem Gattungsbegriff: In der Gattung seien alle Unterschiede des Menschen, auch alles Endliche und Begrenzte, aufgehoben. Aber der Gattungsbegriff Feuerbachs entspringt einem idealistischen Fortschrittsoptimismus und existiert auch nur als bloße Abstraktion. Feuerbach verneint die Übernatürlichkeit Gottes, kleidet aber den Menschen in diese Übernatürlichkeit ein. Sein Gott ist eben die Gattung.

- Problematische Vermenschlichung: Gotteserfahrungen sind immer menschliche Erfahrungen, weil der Mensch als Subjekt des Erkennens immer am Objekt seiner Erkenntnis beteiligt ist. Deshalb kann der Mensch nur menschlich von Gott reden und selbst die abstrakteste philosophische Sprache ist bildhaft strukturiert. Gott ist Mensch geworden, darum ist es legitim, von Gott menschlich zu sprechen.

- Problematischer Projektionsgedanke: Außer bei religiösen Vorstellungen kann Feuerbach keine Beispiele für eine Projektion geben, sodass es keine weiteren Belege für diesen psychischen Mechanismus (Erkenntnis als Spiegelung des Gegenstands ins Gehirn hinein) gibt und empirische Untermauerungen völlig fehlen.

- Problematische Ideologie: Feuerbach steht in der Tradition der Aufklärung, die den Menschen teilweise derart überhöht, dass Gott abgeschafft wird. Seine Theorie ist Ausdruck einer hybriden Sehnsucht des Menschen, sich an die Stelle Gottes zu setzen. Die absolut gedachte Freiheit des Menschen im Widerspruch zur Souveränität Gottes spiegelt den revolutionären Aufbruch in der ersten Hälfte des 19. Jahrhunderts wider sowie den utopischen Glauben an eine soziale und technische Machbarkeit des Utopischen (Machbarkeitswahn), wie sie im Marxismus ihren Niederschlag fand.

# H3 Hintergrund

## Erläuterungen zu den Bibeltexten

Wenn wir genau hinsehen, finden wir Gott also zweimal in der Weihnachtserzählung: Gott ist der Allmächtige, oben im Himmel, den die Engel loben und preisen. Er ist ewig und der Grund der Welt und kein Mensch hat ihn je gesehen. Würden wir Gott nur so kennen, in seiner Herrlichkeit, dann müsste er unendlich weit weg erscheinen. Aber Gott ist zugleich unendlich nahe. Wir finden ihn auch in den Windeln, in der Krippe, Fleisch geworden, als Kind, wo er uns Gottes liebevolles Wesen zeigt. Wo also finden wir Gott an Weihnachten? Im Himmel oder auf der Erde? An beiden Orten? Und was sieht Gott an Weihnachten: Er sieht sich selbst, wenn er aus der Krippe zum Himmel sieht, wenn er vom Himmel zur Krippe sieht.

An Weihnachten feiern wir, dass Gott Mensch geworden ist. Wir feiern, dass Gott sich klein gemacht hat und in die Welt gekommen ist, und uns damit – scheinbar unmöglich – nahegekommen ist. Das ist Grund für große Freude. Aber schon in der Antike, noch ganz am Anfang des Christentums, haben die Theologen gemerkt, dass sich daraus auch gehörige Probleme ergeben. Schon die ersten Christen haben bekannt, dass sich in Jesus Gott selbst gezeigt hat. Aber Jesus betet auch zu seinem Vater im Himmel. Wie kann das sein? Wir glauben ja nicht an zwei Götter. Die Antwort, die das Christentum nach langer Auseinandersetzung mit dieser Frage gefunden hat, ist die Trinität: Der eine Gott ist drei Personen: Gott, der Vater; Gott, der Sohn – Jesus – ; und Gott, der Heilige Geist. Wir können die drei unterscheiden, z. B. wenn Jesus zu seinem Vater betet, oder wenn der Heilige Geist bei Jesu Taufe erscheint, und doch sind sie eng miteinander verbunden. Jesus ist von seinem Vater gesandt und befolgt seinen Willen; der Heilige Geist hilft den Menschen, den Vater und den Sohn zu erkennen, usw. Diese Vorstellung von dem trinitarischen oder dreieinigen Gott hat bedeutsame Konsequenzen: Unser christlicher Gott ist nie einsam; er hat in sich selbst immer schon Gemeinschaft. Er ist nicht starr und unbeweglich. Im 1. Johannesbrief heißt es: „Gott ist Liebe" (1 Joh 4,16). Der dreieinige Gott lebt immer Liebe.

Trotzdem ist dieses Bild von unserem dreieinigen Gott für viele Christen heute fremd oder schwer vorstellbar. Wenn wir uns mit dieser Dimension des christlichen Gottesbildes befassen, sollten wir uns fragen, was uns anspricht, aber auch, wo wir widersprechen würden. Dazu folgender Vorschlag:

### Schreibgespräch / World Cafe
Drei Tische mit je einem Flipchart-Blatt mit einer Frage werden vorbereitet, Filzstifte zum Schreiben liegen bereit. Die Teilnehmenden bewegen sich entweder frei zwischen den Tischen oder bleiben in drei Gruppen für je drei bis fünf Minuten an je einem Tisch.

### Die Fragen für die drei Tische
• Welche Orte oder Gelegenheiten kenne ich, bei denen Gottes Dreieinigkeit erwähnt oder dargestellt wird?
• Was gefällt mir an der Vorstellung von dem Gott, der Gemeinschaft ist?
• Was stört mich an diesem Bild? Was fällt mir daran schwer, mir vorzustellen?

# Gründonnerstag

## 2. Entdeckungsreise

# Die Gemeinschaft der Gäste Jesu

2. Entdeckungsreise: Gründonnerstag

**Ziele der Entdeckungsreise:**

• Die TN reflektieren menschliche Facetten von Gemeinschaft.

• Den TN erschließt sich das Abendmahl in seiner Vielfalt.

• Die TN können die Bedeutung des Abendmahls reflektieren und sich bei Gesprächen um die Gestaltung aktiv beteiligen.

• Die TN erfahren über biblische Figuren, dass Menschen damals wie heute schöne und belastende Erfahrungen von Gemeinschaft kennen.

# Ⓥ Verlauf

| Zeit | Inhalt | Arbeitsform | Material |
|---|---|---|---|
| 10' | **1. Einstieg: Menschliche Facetten von Gemeinschaft**<br><br>Das LT begrüßt die TN und führt ein: *„Menschen sind Gemeinschaftswesen. Und Menschen haben Sehnsucht nach Gemeinschaft. Dabei gehört es zu den eigenen Erfahrungen, dass Gemeinschaft beglückend sein kann und belastend. In dieser Entdeckungsreise geht es um Gemeinschaft. Eigene Erfahrungen dürfen und sollen dabei eine Rolle spielen. Im zweiten Teil steht das Abendmahl im Mittelpunkt.“*<br><br>Das LT fragt die TN: *„Zu welcher Gemeinschaft möchte ich am liebsten gehören?“* Die TN kommentieren spontan.<br><br>Das LT fragt die TN: *„Was ermöglicht Gemeinschaft? Was belastet Gemeinschaft?“* Die TN kommentieren spontan. | Die TN sitzen in einem Stuhlkreis. Im selben Raum sind 1–2 Tische platziert, um die sich die TN zu einem späteren Zeitpunkt versammeln.<br><br>Das LT präsentiert 4–6 Bilder (es kann eine Auswahl getroffen werden), auf der Gemeinschaftssituationen dargestellt sind. Die Bilder werden in die Mitte des Stuhlkreises gelegt.<br><br>Das LT entfernt die Gemeinschaftsbilder wieder aus dem Stuhlkreis. | Ⓜ₁ 4–6 Bilder Gemeinschaftssituationen<br><br>• Gemeinschaft in Kirche<br>• Abendmahlsgemeinschaft<br>• Gemeindegruppe / Freundeskreis<br>• Familientisch<br>• Seniorenkreis<br>• Ehepaar |
| 20' | **2. Bereichernde und belastende Gemeinschaftserfahrungen**<br><br>Das LT führt aus: *„Menschen prägen die Art und Weise, wie Gemeinschaft erlebt wird. Jede(r) der hier Anwesenden hat Erfahrungen von Gemeinschaft. Gemeinschaften, die geprägt haben. Dies war auch in früheren Zeiten so.“* | Das LT legt die vorbereiteten Biografiekarten in der Mitte des Kreises aus. | Ⓜ₂ Biografiekarten |

| Zeit | Inhalt | Arbeitsform | Material |
|---|---|---|---|
| | Währenddessen oder im Anschluss erläutert das LT: *„Sie sehen hier Männer- und Frauengestalten aus der Bibel. Aus dem Alten und dem Neuen Testament. Manche werden Ihnen vertraut erscheinen, manche weniger. Bitte betrachten Sie sich diese für einen Moment. Gerne können Sie dazu aufstehen und umhergehen. Entscheiden Sie sich für eine Person und nehmen Sie die Biografiekarte zu sich. Sobald sich alle für eine Karte entschieden haben, fahren wir fort.“*<br><br>Nachdem alle TN ihre Biografiekarte gelesen haben, stellen Sie sich an den vorbereiteten Tisch und beschreiben ihre ausgewählte biblische Person. Das LT leitet zu einem Gruppengespräch über mit Fragen an die TN: *„Was spricht mich an der Person an? An welcher Stelle bin ich distanziert? Welche Bedeutung hat die Person? Was waren ihre Stärken? Ihre Schattenseiten? Wie wirken auf mich Licht und der Schatten der Person?“* Die TN tauschen sich anhand der Fragen aus.<br><br>Das LT beschließt die Runde: *„Biblische Personen dienen häufig als Vorbilder. Anhand der Kurzbiografien kann deutlich werden, dass deren Lebensthemen auch eigene Themen sein können. Zu den gemeinsamen Themen gehören glückliche Momente im Leben und schwere. Glauben und Zweifel. Die Erfahrung, dass Gemeinschaft mit anderen Menschen beglückend sein kann, aber auch belastend. Dass Schuld zu einem menschlichen Leben gehört und Vergebung. Damals wie heute.“* | Bei der Auswahl der Biografiekarten kann auf die Gruppengröße geachtet werden. Bei einer Reduzierung der 18 möglichen Karten, z. B. auf 12, wird empfohlen, in der Auflistung (rechts) auf die unteren 6 Karten zu verzichten. Um eine größere Kartenauswahl zu haben, kann auch bei kleinen Gruppen mit allen Karten gearbeitet werden.<br>Bei einer Auswahl sollte jedoch darauf geachtet werden, dass sowohl Personen aus dem Alten wie aus dem Neuen Testament zur Auswahl stehen, als auch in einem angemessenen Verhältnis Männer und Frauen.<br><br>Es stehen Karten von 9 Frauen und 9 Männern zur Verfügung, dabei 13 Karten mit Biografien aus dem Alten Testament, 5 aus dem Neuen Testament.<br><br><br>Einzelarbeit<br><br>Plenum | Übersicht Biografiekarten:<br>--------------------<br>• Judas<br>• Petrus<br>• Maria Magdalena<br>• Maria<br>• Paulus<br>• Abraham<br>• Sara<br>• David<br>• Rebekka<br>• Ruth<br>• Jakob<br>• Josef<br>--------------------<br>• Esau<br>• Mirjam<br>• Mose<br>• Hanna<br>• Deborah<br>• Batseba<br>--------------------<br><br>Empfehlung: Die ersten 12 Namen werden als Standard empfohlen, bei größeren Gruppen die weiteren Namen. |

| Zeit | Inhalt | Arbeitsform | Material |
|---|---|---|---|
| 15' | **3. Hinführung zum Thema Abendmahls-gemeinschaft**<br><br>Das LT erläutert:<br>*„Beim Abendmahl am Gründonnerstag waren die Jünger mit Jesus am Tisch. Einzelne Jünger sind uns auf den Biografiekarten präsent, ebenso Männer und Frauen aus dem Alten und Neuen Testament. Und auch jeder von Ihnen. Alle sind wie um einen Tisch versammelt.“*<br><br>Ein TN oder das LT lesen M3 Text der meditativen Bildbetrachtung vor. | Die TN sitzen im Stuhlkreis und schauen sich in M4 das Wandbild von Leonardo da Vinci an.<br><br><br>Plenum | (M3) Wandbild und Text: Meditative Bildbetrachtung |
| 10' | **Pause** | | |
| 20' | **4. Gemeinschaft im Abendmahl**<br><br>Das LT führt aus:<br>*„Biblische Personen werden in der biblischen Überlieferung mit Licht und Schatten dargestellt. Diese Menschlichkeit, diese unverstellten Erzählungen sind ein beeindruckendes Zeugnis davon, wie realistisch die biblischen Erzählungen den Menschen sehen.*<br>*Licht und Schatten gehören zur menschlichen Existenz. Sie gehören auch zu jedem und jeder Einzelnen von uns. Ebenso gehören zu eigenen Erfahrungen Menschen mit guten und mit schwierigen Seiten, mit denen in familiärer Gemeinschaft gelebt wird. Und freiwillig oder selbst gewählt zum Beispiel in Kirchengemeinden.“*<br><br>Wir halten uns die Feier des Abendmahls vor Augen. Wer stiftet die Gemeinschaft beim Abendmahl? Das Mahl, zu dem Jesus die Jünger eingeladen hatte, war ein Gemeinschaftsmahl. Die Kirchen laden heute zum Abendmahl, zur Eucharistie ein. Gemeinden bieten ein Ritual dazu an, einen Rahmen. Dabei hat das Abendmahl unterschiedliche Bedeutungen. | Plenum | (H1) biblische Perspektiven des Abendmahls |

| Zeit | Inhalt | Arbeitsform | Material |
|---|---|---|---|
| | Die Einheit zeigt auf, dass neben der Sündenvergebung das Mahl als Erleben von Gemeinschaft untereinander und mit Gott zentral wichtig ist.<br><br>Das LT lädt zum Gruppengespräch ein anhand von Fragen:<br>*„Gehören alle zum Abendmahl dazu?*<br>*Was hat Sündenvergebung mit dem Abendmahl zu tun?*<br>*Wie geschieht im Abendmahl Versöhnung mit Gott und untereinander?"*<br>Die TN tauschen sich aus. | Gruppengespräch<br><br>Das LT lässt Aspekte aus H1 einfließen, Passagen daraus können vorgetragen werden. Es ist ebenso möglich, H1 als Text für die TN auszuteilen. Hier könnten verschiedene TN die unterschiedlichen Abschnitte laut vorlesen (dazu kann angeregt werden, einem vorlesenden TN bewusst zuzuhören und nicht den Text selbst zu verfolgen). | (H1) biblische Perspektiven des Abendmahls |
| 15' | **5. Abschluss** | | |
| | Das LT fasst zusammen:<br>*„Wir haben mit verschiedenen Facetten von Gemeinschaft begonnen und uns so der Abendmahlsgemeinschaft angenähert. Dabei wurde deutlich, dass alle Menschen zum Abendmahl eingeladen sind. Auch wurde ersichtlich, dass das Abendmahl mehrere Bedeutungs-Dimensionen aufweist. Dies entspricht dem evangelischen Verständnis des Abendmahls. Unterschiedliche Zugänge haben ihr jeweiliges Recht."*<br><br>Das LT leitet zum Abschlussgespräch über anhand folgender Fragen:<br>*„Was ist mir deutlich geworden?*<br>*Was bedeutet das für die Abendmahlspraxis in der eigenen Gemeinde?"*<br><br>Oder: Das LT lässt zwei Abendmahlslieder ansingen, die die unterschiedlichen Dimensionen des Abendmahlsverständnisses aufzeigen. Das LT fragt bei den TN nach:<br>*„Welcher Charakter des Abendmahls wird in den Liedstrophen berücksichtigt? Was spricht Sie an?"*<br>Die TN antworten spontan. | Gruppengespräch<br><br>Die TN singen aus der Auswahl zwei Abendmahlslieder an.<br><br>EG 216 „Du hast uns Leib und Seel gespeist" „... dass durch dein Treu die Sünd uns reu ..."<br><br>EG 220 „Herr, du wollest uns bereiten hier ..." und „sprich uns los von Sünd und Tod"<br><br>EG 227 „Dank, sei dir Vater ...". Hier vor allem Vers 3: „Wir, die wir alle essen von dem Mahle ..."<br><br>EG 221 „Das sollt ihr, Jesu Jünger, nie vergessen". Hier vor allem Vers 2: „Wenn wir in Frieden beieinander wohnten ..."<br><br>Fakultativ: Abschluss mit einem gemeinsamen Essen. | Gesangbücher<br><br><br><br><br><br><br><br><br><br><br>Tische, Geschirr, Besteck, Gläser, Tischdeko, Speisen, Getränke ... |

## (M1) Material

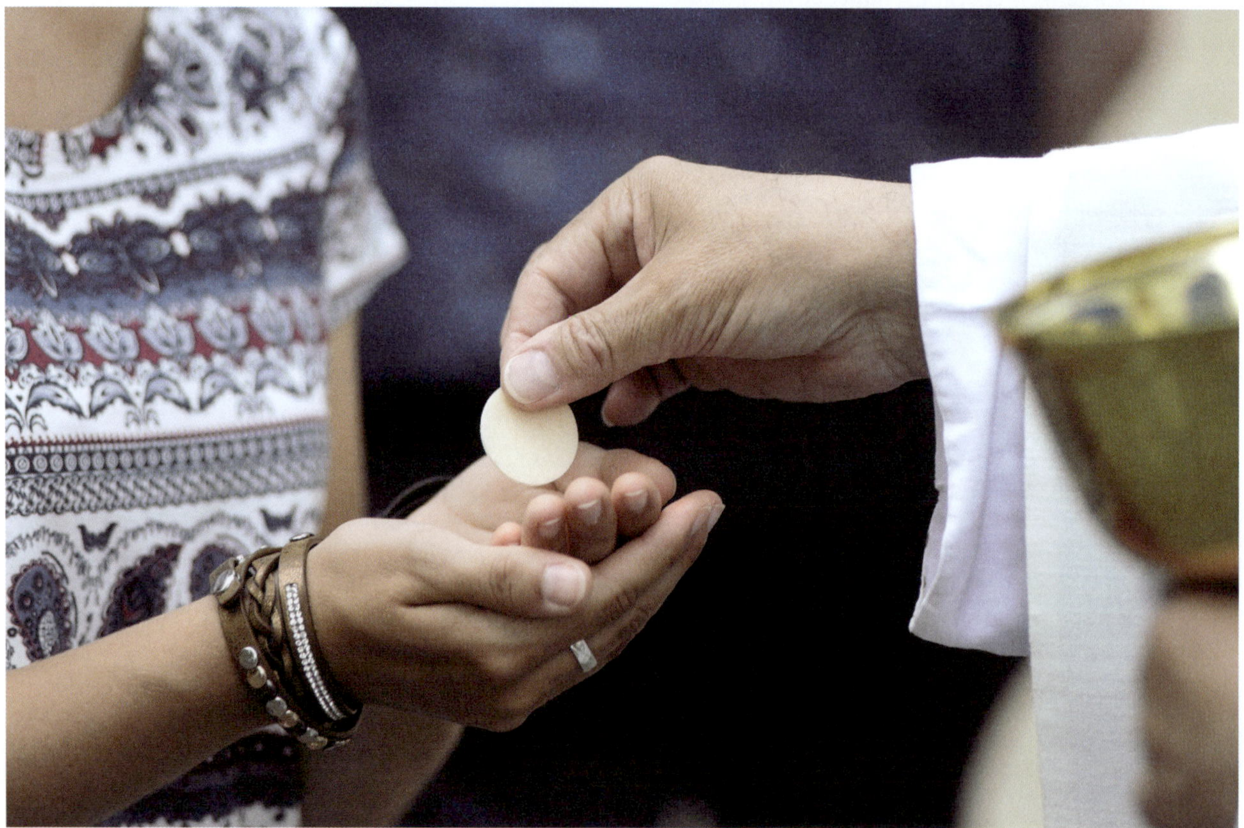

# (M2) Material

Kurzbiografien

## Judas

Judas gehört als Jünger zu den Zeloten, die man heute als Guerilla-Bewegung gegen die römische Besatzung bezeichnen würde. Hat Judas Jesus absichtlich „verraten" oder ihn nur „übergeben"? Ist sein Handeln also negativ als verwerfliche Feindschaft gegen Jesus zu sehen oder positiv als Erfüllung von Gottes Heilsplan zu deuten?

Wie verhalten sich bei Judas die Vorherbestimmung durch Gott (Prädestination) und der freie Wille des Menschen zueinander? Hätte Judas sich anders entscheiden können oder musste er diesen Weg gehen, um Gottes Heilsplan zu erfüllen? Beide Auslegungsfragen knüpfen an die paradoxe Darstellung im Neuen Testament an. Verfestigt hat sich die Vorstellung, die Judas negativ zeichnet in dem, was er tut. Zugleich aber wird ebenso betont, dass Jesus dies selbst vorhergesagt habe. Gott habe seinen Tod gewollt und deshalb wäre das Handeln von Judas notwendig gewesen.

Was für ein Mensch war also Judas? Ein Dieb und Verräter, wie ihn die Evangelisten bezeichnen? Wollte er Jesus nur nötigen, sich endlich als starker Messias zu zeigen? Die Bilder der Kunst haben diese Vorstellung geprägt. Oder war er Teil von Gottes Plan, so wie es heißt „Beeile dich und tu, was du tun musst!" (Johannes 13. 27b).

## Petrus

Petrus spielt eine zentrale Rolle als Jünger. Er ist der Wortführer, der meist die Initiative ergriff, Verantwortung übernahm. Auf die Frage von Jesus: „Für wen halten mich die Menschen?" (Markus 8. 27b) kann er antworten: „Du bist Christus, Sohn des lebendigen Gottes" (Markus 8. 29). Es ist aber auch Petrus, der im Hof auf den Satz der Magd, er gehöre zu Jesus, dies leugnet. Er hält die Solidarität in der lebensbedrohlichen Bedrängnis nicht durch.

Der Petrus im Neuen Testament repräsentiert nicht die Elite der Christenheit, sondern den exemplarischen Schüler Jesu, der durch Aufbruch, Scheitern, Umkehr und Neubeginn zu einer wichtigen Identifikationsfigur für die frühe Christenheit wird. Trotzdem – oder gerade deshalb? – wird er von Jesus beauftragt und nimmt eine führende Rolle in der Gemeinde in Jerusalem ein.

Die Apostelgeschichte erzählt, dass Petrus zunächst unter seinen jüdischen Landsleuten verkündet. Die Pfingstpredigt ist hier wichtig. Petrus erzählt und erklärt die Bedeutung von Jesus Christus. Erst später versteht sich Petrus als Verkünder auch gegenüber Hellenisten (Heiden) und so wird mit ihm aber vor allem durch Paulus der Durchbruch zur Völkermission erreicht. Mit der Taufe von Kornelius durch Petrus wird das besonders deutlich. Nach Jerusalem findet er in Antiochia eine neue Heimat.

## Maria Magdalena

Maria Magdalena gehört zu den Frauen, die Jesus nachfolgen und mit für seinen Unterhalt sorgen. Nach den Evangelien treibt Jesus bei ihr Dämonen aus. Sie folgt mit anderen Frauen und dem Jünger Johannes Jesus bis zur Kreuzigung, hilft beim Begräbnis und entdeckt vor den Jüngern das leere Grab am Ostermorgen. Jesus begegnet ihr als Erste nach seiner Auferstehung und sie bringt die Osterbotschaft zu den Jüngern. In allen vier Evangelien hat Maria Magdalena einen prominenten Platz bei den Ereignissen rund um Karfreitag und Ostern. Nach übereinstimmender Aussage der vier Evangelien ist sie Zeugin von Jesu Kreuzigung. Darüber hinaus berichten Matthäus, Markus und Lukas von ihrem Dabeisein bei Jesu Grablegung. Alle Evangelien enthalten eine Geschichte, in der sie das Grab Jesu am Ostermorgen leer vorfindet.

In der neueren Forschung gibt es eine wachsende Übereinstimmung, dass Frauen wie Männer zur Jesusbewegung gehörten. Fragt man nach den Namen dieser Jüngerinnen Jesu, so stößt man in den synoptischen Evangelien auf mehrere Listen mit Frauennamen, an erster Stelle steht dort regelmäßig „Maria aus Magdala". Daraus lässt sich schließen, dass sie die Wichtigste der Jüngerinnen Jesu ist. Die Alte Kirche verehrt sie als „Apostelgleiche". Luise Rinser stellt Maria Magdalena in ihrem Roman „Mirjam" als besonders treue und Jesus innig liebende Frau dar, die der Lehre Jesu häufig aufgeschlossener gegenübersteht als die Jünger.

## Abraham

In Abraham sind verschiedene Weisen vorweggenommen, wie Gott einem Menschen begegnet. Abraham kann in direkten Kontakt mit Gott treten, Gott erscheint ihm im Traum und in Menschengestalt in Begleitung von zwei weiteren Gestalten (die „drei Männer" bei den Eichen vom Mamre).

Als eine Schwangerschaft Saras aufgrund ihrer Unfruchtbarkeit auf sich warten lässt, greifen Abraham und sie selbst zum Mittel der Leihmutterschaft. Ergebnis ist der Sohn von Hagar, der ägyptischen Magd Saras, der den Namen Ismael erhält. Die biblischen Erzählungen um Ismael zeigen einerseits, dass er ein echter Sohn von Abraham ist, der als solcher Segen und Verheißungen sowie zahlreiche Nachkommen erhält. Auf Ismael als Abrahamssohn beziehen sich die Muslime – diese biblische Identifikationsfigur zeigt die familiäre Verwandtschaft von Juden, Christen und Muslimen, sodass Abraham als Urvater aller Glaubenden zu einer „ökumenischen" Basis aller drei monotheistischen Religionen werden kann.

Für Christen ist Abraham vor allem als Vorbild des Glaubens bedeutsam. Weil er glaubt, wird er gerechtfertigt (gerecht gesprochen). In aussichtsloser Lage (hohes Alter und Kinderlosigkeit) glaubt Abraham an die Verheißung Gottes, einen leiblichen Sohn zu bekommen, und das wird ihm als Gerechtigkeit angerechnet. Darauf baut Paulus seine Argumentation, dass es allein auf diesen Glauben ankomme, um von Gott für gerecht befunden zu werden. Für Martin Luther war dies der Kern des Evangeliums.

# Sara

Sara zieht mit Abraham aus Mesopotamien nach Kanaan. Als sie nach Ägypten kommen, gibt Abraham die als außergewöhnlich schön vorgestellte Sara als seine Schwester aus, weil er fürchtet, der Pharao könne ihn töten, um sich seiner Frau zu bemächtigen. Der Pharao macht Abraham moralische Vorwürfe wegen dieses Plans.

Da Sara ihre Kinderlosigkeit nicht mehr aushält, fordert sie Abraham auf, mit der Magd Hagar ein Kind zu zeugen. Als Hagar schwanger wird, wird sie eifersüchtig und es kommt zum Konflikt zwischen den beiden Frauen. „Als sie merkte, dass sie ein Kind bekommen würde, begann sie auf ihre Herrin herabzusehen. Da sagte Sara zu ihrem Mann: »Mir geschieht Unrecht, und du trägst dafür die Verantwortung! Ich habe dir meine Sklavin überlassen. Seit sie weiß, dass sie ein Kind bekommt, verachtet sie mich. Ich rufe den HERRN als Richter an! « (1. Mose 16.5) Abraham erwidert: »Sie ist deine Sklavin. Mach mit ihr, was du für richtig hältst!« (1. Mose 16.6) Sara lässt daraufhin Hagar die niedrigsten Arbeiten verrichten, worauf sie mit ihrem Sohn Ismael davonläuft.

In einer weiteren Erzählung wird vom Besuch dreier Gestalten (bzw. vom Besuch Gottes in Begleitung zweier Engel) bei Abraham und Sara erzählt. Sie werden von den beiden gastfreundlich bewirtet und verheißen daraufhin die Geburt eines Sohnes. Diese Geburtsankündigung lässt Sara aufgrund des hohen Alters beider Eheleute in Lachen ausbrechen.

# David

David gilt als der Inbegriff eines großen Königs. Dafür stehen die überlieferten Geschichten von seiner Begabung, zu singen und auf der Harfe zu spielen. Das Harfenspiel lindert die Depressionen von König Saul. David hilft dem königlichen Heer mit dem Sieg über den unbesiegbaren (Riesen) Goliath. Und er plant den Bau des 1. Tempels in Jerusalem, den sein Sohn Salomo bauen lässt. Für die Schattenseiten von David stehen, dass er als „gebundener Mann" die verheiratete Bathseba begehrt und ihren Mann Uria in einer Schlacht ans Messer liefert. Als ihm das der Prophet Nathan vorhält, erkennt er seine Schuld und bereut zutiefst. David ist auch nicht in der Lage, im hohen Alter einem sexuellen Missbrauch in seiner eigenen Familie zwischen den Halbgeschwistern Amnon und Tamar entschieden entgegenzutreten.

In den Psalmen rückt David in unterschiedlicher Weise in den Blick. Einige wenige Psalmen haben das Davids-Königsbild im Blick. Die meisten Erwähnungen Davids stehen nicht in den Psalmen selbst, sondern in den später hinzugefügten Überschriften. 73 Psalmen enthalten darin den Anfang: lədāwid, der sachgemäß mit „David zugeordnet" zu übersetzen ist und der Gruppenbildung der Psalmen dient. David wird den Lesern der Psalmen als ein Beter vorgestellt, der beim eigenen Beten heute mit einbezogen werden kann. In den Psalmen, die ihm zugeordnet werden, wird uns David als eine Figur angeboten, mit der wir uns aus der Geschichte und der Tradition identifizieren können.

## Rebekka

Rebekka erweist sich als junge Frau zuvorkommend und hilfsbereit und vor allem bei der Heiratsanfrage von Isaak entschlossen, eine Reise ins Ungewisse anzutreten, um einen Mann zu heiraten, den sie nicht kennt. Nicht weniger entschlossen ist Rebekka in ihrem Bestreben, ihrem jüngeren Sohn Jakob zum väterlichen Segen zu verhelfen.

Bereits nach der Geburt der Zwillingskinder Esau und Jakob deutet sich ein Konflikt an, in dem es heißt: „Isaak hatte Esau lieber, Rebekka jedoch hatte Jakob lieber." (1. Mose 25.28)

Als ihr Mann Isaak auf dem Sterbebett die Absicht kundtut, seinen Segen an Esau, den älteren Sohn zu verleihen, sieht sich Rebekka genötigt einzugreifen. Der von ihr bevorzugte Jakob muss den Segen empfangen. Nachdem Jakob Zweifel an der Durchführbarkeit ihres Plans äußert, zerstreut Rebekka den, indem sie einen möglichen Fehlschlag auf sich nimmt. Daraufhin plant Esau, Jakob nach dem Tod des Vaters um-zubringen. Das wird Rebekka jedoch hinterbracht, die sofort wieder in Aktion tritt. Sie muss den mit so großem Aufwand Gesegneten vor dem wütenden Bruder schützen. Deshalb schlägt sie Jakob die Flucht in ihre alte Heimat zu ihrem Bru-der Laban vor. Wenn Esaus Zorn sich gelegt haben wird, will sie Jakob wieder zurückholen lassen.

Rebekka zieht alle Fäden in dieser Geschichte, sodass man sie zu Recht auch als Rebekka-Geschichte bezeichnen kann.

## Ruth

Ruth lebt als junge Frau in Moab, im heutigen Jordanien. Ihr Mann ist Machlon, einer der Söhne von Naomi. In Moab sterben sowohl Machlon, ihr Mann, als auch ihr Schwiegerva-ter. Naomi, die Schwiegermutter, wanderte einst wegen einer Hungersnot nach Moab und will nun als Witwe zurück in ihre Heimat nach Bethlehem. Obwohl sie Ruth davon abrät, ihr Herkunftsland zu verlassen, will sie sich ihr unbedingt anschließen. Sie hängt sehr an ihr. „Wo du hingehst, da will ich auch hingehen; wo du bleibst, da bleibe ich auch. Dein Volk ist mein Volk, und dein Gott ist mein Gott. Wo du stirbst, da sterbe ich auch, da will ich auch begraben werden. Der Herr tue mir dies und das, nur der Tod wird mich und dich scheiden." (Ruth, 1.16b–17)

In Bethlehem gilt Ruth als Ausländerin. Beide Frauen schaffen es, sich in die jüdische Gemeinschaft neu zu integrieren. Ruth lernt als Witwe Boas kennen. Naomi ergreift die Initiative und führt sie zu ihm. Da er mit ihr verwandt ist, hat er als Mann die Verantwortung, sie zur Frau zu nehmen, was er gerne tut.

Ruth wird als eine Frau mit einer persönlichen Frömmigkeit geschildert. Die Lebensumstände sind schwer für sie. Sie muss wegen einer Hungersnot fliehen. Und sie verliert ihren Mann und wird zur Witwe. Trotzdem kann sie sich weiter treu zu ihrer eigenen Geschichte und gegenüber Gott verhalten. Sie bringt einen Sohn zu Welt mit Namen Obid. Dem Alten Testament nach ist er der Großvater Davids.

# Jakob

Jakob ist der jüngere Sohn von Isaak und Rebekka. Zusammen mit seinen beiden Frauen Rahel und Lea und verschiedenen Mägden hat er 12 Söhne und eine Tochter. Aus seinen 12 Söhnen gehen die 12 Stämme Israels hervor.

Schuld, Entzweiung und Versöhnung spielen in seinem Leben eine große Rolle. Der Bruderkonflikt zwischen Jakob und Esau durchzieht das Leben von beiden. Die Eltern sind nicht schuldfrei. „Isaak hatte Esau lieber, Rebekka aber Jakob" (1. Mose 25.28), heißt es. Bevorzugung und Benachteiligung wirken sich aus. Jakob nutzt die Notlage Esaus aus, als der erschöpft vom Feld kommt, und handelt mit ihm den Erstgeburtssegen aus. Jakob erhält den Segen des Erstgeborenen, angetrieben von seiner Mutter. Aber er muss fliehen und auf dem Tiefpunkt seiner Existenz erkennt der Betrüger Gott durch den Traum mit der Himmelsleiter. Es gehört zu den Lebenserfahrungen von Jakob, als Betrüger selbst betrogen zu werden; von seinem Onkel Laban. Und er macht die Erfahrung, schuldlos beschuldigt zu werden.

Am Ende heißen seine Lebensthemen: Reue und Versöhnung mit dem Bruder. Im Gebet formuliert er seine Einsicht: „Ich bin zu gering für alle Gnadenerweise und all die Treue, die du deinem Knecht erwiesen hast." Darauf folgt das Ringen mit einem Unbekannten in der Nacht, von dem Jakob verlangt, er solle ihn segnen. Am Ende heißt es: „Und als er an Pnuël vorüberkam, ging ihm die Sonne auf; und er hinkte an seiner Hüfte" (1. Mose 32.32).

# Esau

Zu Beginn der Erzählungen über die Eltern Isaak und Rebekka wird Esau als älterer Zwillingsbruder Jakobs eingeführt. Ein Geburtsorakel weissagt, dass er dem Jüngeren, also Jakob, dienen werde. Nach dieser Einleitung dreht sich die folgende Erzählung um die Frage der Erstgeburt.

Der Erstgeborene ist Esau. Erst nach ihm erblickt Jakob das Licht der Welt. Die zwei Brüder könnten unterschiedlicher nicht sein. Esau ist der Liebling Isaaks und ein Mann der Jagd. Jakob wird von Rebekka bevorzugt und bleibt bei den Zelten.

Zunächst verkauft Esau sein Erstgeburtsrecht an Jakob, in einer weiteren Episode gibt der greise Vater Isaak infolge einer List von Rebekka und Jakob seinen Erstgeburtssegen an Jakob. Der Zorn Esaus lässt Jakob daraufhin die Flucht ergreifen. Nach Jakobs Rückkehr versöhnen sich Esau und Jakob wieder, Esau zieht zurück an seinen Wohnort in Seïr.

Die Charakterisierung Esaus in dieser Erzählung ist nicht geradlinig. Im ersten Teil wird er einerseits negativ dargestellt, weil er sein Erstgeburtsrecht verachtet, andererseits ist er der Betrogene.

Der dritte Teil der Erzählung zeigt Esau als versöhnungsbereiten und zur friedlich-schiedlichen Koexistenz mit Jakob fähigen Menschen, der schließlich sogar gemeinsam mit dem Bruder den Vater begräbt.

## Josef

Josef ist ein Bevorzugter, wie sein Vater Jakob. Die Erzählung beginnt mit dem Hinweis, dass Jakob / Israel Josef mehr liebt als seine Brüder, diese ihn hassen und er deswegen nicht mehr friedlich mit ihnen reden kann. Am Ende wird gesagt, dass er die Brüder tröstete und ihnen zu Herzen redete. Im ersten Traum Josefs fallen die Garben der Brüder vor der Garbe Josefs nieder. Am Ende fallen die Brüder selbst vor Josef auf ihr Angesicht und erklären sich zu seinen Knechten.

In der Fremde ist Josef ganz auf sich allein gestellt. Man erfährt nichts über seine Familie. In drei Anläufen wird die Geschichte eines Hebräers in Ägypten erzählt, der vom Sklaven zum Hausverweser Potifars, vom Häftling zum Gefangenenaufseher und schließlich vom Traumdeuter zum Vizepharao und Landwirtschaftsminister aufsteigt.

Erst dann kommt wieder die Familie Josefs ins Spiel. Nachdem diese in ihren Beziehungen zerbrochen ist, steht am Ende eine Familienzusammenführung. Auffallend ist die starke Betonung der Bereitschaft Josefs zur Vergebung. Immer wieder wird deutlich, dass die allzu menschlichen Konflikte von einer „unsichtbaren Hand" im Hintergrund gesteuert werden. Ein verborgenes Walten Gottes, Gottes Führung gegen allen Augenschein. „Ihr gedachtet es böse mit mir zu machen, aber Gott gedachte es gut zu machen, um zu tun, was jetzt am Tage ist, nämlich am Leben zu erhalten ein großes Volk." (1. Mose 50.20)

## Mose

Mose ist mit einer einzigartigen Autorität und einer unvergleichlichen Nähe zu Gott privilegiert. Er befreit im Auftrag Gottes das Volk Israel aus der Knechtschaft in Ägypten. Am Gottesberg Horeb nimmt er die 10 Gebote entgegen. 40 Jahre lang führt er das Volk durch die Wüste, eine Generation lang. Bis an die Grenze des verheißenen Landes, das er nicht mehr sehen darf; er stirbt dort.

In der jüdischen wie der christlichen Tradition ist Mose vor allem der Gesetzgeber, der Israel den Willen des einen Gottes kündet. Die koranische Musa-Überlieferung betont hingegen mehr die Figur des vom Schöpfergott beauftragten Künders eines strengen Monotheismus.

Mose wächst als Ägypter am Hof auf. Tut-Moses war ein vertrauter Name. Menschlich gesehen gehört zur übergroßen Bedeutung der Figur Mose seine Fluchterfahrung, nachdem er einen Aufseher aus Zorn getötet hat. Ebenso seine Unsicherheit, als er nach dem überwältigenden Reden Gottes aus dem brennenden Dornbusch auf sein mangelndes Redetalent hinweist. „Gott sprach zu Mose: Ich werde sein, der ich sein werde. Und sprach: So sollst du zu den Israeliten sagen: »Ich werde sein«, der hat mich zu euch gesandt (2. Mose 3.14). „Mose aber sprach zu dem HERRN: Ach, mein Herr, ich bin von jeher nicht beredt gewesen, auch jetzt nicht, seitdem du mit deinem Knecht redest; denn ich hab eine schwere Sprache und eine schwere Zunge" (2. Mose 3.10) .Darauf wird ihm sein Bruder Aaron „als Mund" zur Seite gestellt.

# Mirjam

Mirjam ist maßgeblich an der Rettung des Babys Mose beteiligt; Aaron, der Bruder steht dem erwachsenen Mose als Partner zur Seite. Man kann die drei Geschwister als ein „Team" sehen. Allerdings gibt es immer wieder Rivalitäten unter den Geschwistern. Mirjam und ihr Bruder reden einmal gegen Mose wegen seiner Frau, die Kuschiterin ist. Provokant fragen sie: „Redet denn der HERR allein durch Mose? Redet er nicht auch durch uns?" Das verurteilt Gott und macht ihnen deutlich, dass er allein zu Mose in Geschichten redet. Mirjam wird darauf aussätzig. Mose fleht Gott für seine Schwester an und sie wird wieder gesund.

Mirjam führt nach dem Durchzug durch das Schilfmeer den Freudentanz der Frauen an. Sie ist eine tanzende Prophetin. Mirjam ist nicht nur eine Nebengestalt in der Bibel, sondern eine bedeutende Persönlichkeit. Ein weiterer Hinweis, wie wichtig die Frau Mirjam für die Geschichte Israels ist, drückt ein Satz aus dem Propheten Micha aus. Im 8. Jahrhundert vor Christus hat er seine Hörer und Hörerinnen an die schützende Begleitung Gottes durch die Wüstenzeit folgendermaßen erinnert: „Ich habe dich doch aus Ägypten heraufgeführt und dich freigekauft aus dem Sklavenhaus. Ich habe Mose vor dir her gesandt und Aaron und Mirjam." (Micha 6.4)

In der jüdischen Tradition gibt es Legenden, wie Gott Mirjam im Traum erscheint und die Geburt des Bruders Mose, seine spätere Rolle und ihre Aufgabe als schwesterliche Beschützerin voraussagt.

# Debora

Im Richterbuch ist es die Prophetin Gottes und Richterin Debora, die neben anderen entscheidend zum Sieg Gottes für Israel gegen das kanaanäische Heer beiträgt. Der König von Kanaan bedrängt Israel seit 20 Jahren mit Gewalt. Die Söhne und Töchter Israels brechen zu Debora auf zur Rechtsprechung. Debora fordert daraufhin Barak auf, Israel für den Kampf zu rüsten, und zieht auf dessen Bitte hin mit ihm an den Ausgangspunkt des Gefechts auf den Berg Tabor. Die Schlacht wird geschlagen und der militärisch hochgerüstete Feind vernichtet. Für Israel kehrt daraufhin für 40 Jahre Ruhe ein.

In dieser Kriegs- und Rettungserzählung wird Debora an erster Stelle als Frau und als Prophetin beschreiben, die in Israel richtet. Sie wird als Sängerin, militärische Führungsgestalt, Kriegerin und auch als Mutter charakterisiert. Debora ist die einzige Frau unter den Richterinnen des Richterbuches und sie ist die Einzige im Alten Testament, die Prophetin und Richterin zugleich ist.

In einem Kapitel wird Debora als Sängerin eines Liedes präsentiert. In diesem interpretiert sie die Ereignisse, die zuvor erzählt wurden, und bringt diese aus ihrer eigenen Perspektive zur Sprache. Damit stellt sie sich in die Tradition großer Hymnensängerinnen.

## Maria

Maria spielt in den Kindheitsgeschichten Jesu eine zentrale Rolle. Trotz der relativ schmalen neutestamentlichen Bibelstellen kommt Maria in der Kirchen-, Kunst-, Musik-, Literatur- und Frömmigkeitsgeschichte eine kaum zu überschätzende Bedeutung zu. Dies hat sich auch in der Geschichte der mit ihr verbundenen Dogmatisierungen niedergeschlagen: In der Zeit der Alten Kirche wurde Maria das Prädikat Gottesgebärerin beim Konzil von Ephesus im Jahr 431 zuerkannt und ihre immerwährende Jungfräulichkeit beim 2. Konzil von Konstantinopel 553. In der Neuzeit der röm.-kath. Kirche kamen zwei weitere Mariendogmen hinzu, die unbefleckte Empfängnis 1854. Dazu die Aufnahme von Maria in den Himmel im Jahr 1950. Die überbordende Marienverehrung wird in den Kirchen der Reformation kritisiert.

In neuerer Zeit hat die Beschäftigung mit Maria vonseiten der Befreiungstheologie und der feministischen Theologie neue Impulse erhalten. Maria wird etwa als Prophetin der Armen und Unterdrückten gesehen. Das Magnificat spielt dabei eine zentrale Rolle. Weiter wird sie als weibliche, den Menschen zugewandte Seite Gottes verstanden. Menschlich betrachtet können die Schmerzen, die sie als Mutter erlebt hat, mehr als nachvollzogen werden. So die Abweisung durch Jesus, als sie ihn zusammen mit anderen Söhnen nach Nazareth zurückholen will. Aber auch das im Grunde unerträgliche Ausharren am Kreuz. In der Urgemeinde sind Maria und die Brüder Jesu in den Kreis der Jesusanhängerinnen integriert.

## Paulus

Seine Briefe erzählen wenig und philosophieren viel. Deshalb ist ihre Sprache und Bildwelt für Kinder nicht einfach zu verstehen. Dabei ist seine theologische Bedeutung unbestritten: Neben Jesus ist Paulus die wichtigste Gestalt im Neuen Testament. Obwohl er Jesus nicht mehr kannte, ist Paulus der älteste greifbare Theologe des Urchristentums. Denn während Jesus keine einzige schriftliche Zeile hinterlassen hat, haben wir von Paulus eine Vielzahl von Äußerungen in Gestalt seiner Briefe.

Paulus aus Tarsus war einer der erfolgreichsten Missionare des Urchristentums und einer der ersten Theologen der Geschichte des Christentums. Als griechisch gebildeter Jude und gesetzestreuer Pharisäer verfolgt Paulus zunächst die Anhänger Jesu Christi, dem er nie begegnet war. Doch seit seiner Bekehrung versteht er sich als von Gott berufener Apostel des Evangeliums für die Völker. Als solcher verkündet er vor allem Nichtjuden den auferstandenen Jesus Christus. Dazu bereist er den östlichen Mittelmeerraum und gründet dort einige christliche Gemeinden.

Durch seine Briefe bleibt er mit ihnen in Kontakt. Diese ältesten erhaltenen urchristlichen Schriften bilden einen wesentlichen Teil des späteren Neuen Testaments. Seine Briefe haben Kirchenväter und führende christliche Theologen geprägt und damit die europäische Geistesgeschichte stark beeinflusst. Seit der Aufklärung sehen viele Historiker in Paulus den eigentlichen Gründer des Christentums als eigenständiger Religion.

# Hanna

Hanna bekommt keine Kinder, „denn JHWH hatte ihren Mutterschoß verschlossen", so im 1. Samuelbuch. Sie leidet darunter. Ihr Mann Elkana liebt sie, doch seine andere Frau Peninna bekommt Kinder und kränkt Hanna deswegen. Beim jährlichen Besuch der Familie im Heiligtum von Silo spitzt sich die Notlage für Hanna zu. Elkana versucht, sie zu trösten: „Bin ich nicht besser für dich als zehn Kinder?". (1. Sam. 3–7)

Schweigend betet und weint Hanna und legt ein Gelübde ab: Wenn Gott an sie denkt und ihr einen Sohn gibt, wird sie ihn an Gott zurückgeben. Auf den Vorwurf des Priesters Eli, der sie lautlos beten sieht, sie sei ja betrunken, sagt Hanna: „Nicht doch mein Herr! Ich bin eine willensstarke Frau! Wein und Bier habe ich nicht getrunken, sondern ich habe mein Herz vor JHWH ausgeschüttet." (1. Sam. 3–15) Eli versichert ihr, dass Gott ihre Bitte erfüllen wird. Hanna wird schwanger und bekommt einen Sohn, den sie Samuel nennt, und begründet ihre Namenswahl: „Von JHWH habe ich ihn erbeten". Nachdem Hanna ihren Sohn abgestillt hat, bringt sie ihn zu Eli ans Heiligtum und erfüllt damit ihr Gelübde. Hanna wird hier im Tempelkult aktiv und hat die Initiative.

Beschrieben ist der Lobgesang der Hanna, der von der Befreiung der Erniedrigten und Unterdrückten singt und von der Umkehrung der Verhältnisse. Der Psalm als Teil der Geburtsgeschichte eines bedeutenden Kindes ist im Neuen Testament im Lobgesang der Maria aufgenommen (Magnifikat).

# Bathseba

Bathseba gehört in die Thronfolgergeschichten Davids. In den beiden Überlieferungen bei Samuel und in den Königsbüchern spielt sie unterschiedliche Rollen. Nach dem 2. Samuelbuch befindet sich Juda im Krieg mit den Ammonitern. David beobachtet eine schöne Frau, erkennt sie als Frau eines seiner Krieger, lässt sie zu sich holen und verkehrt sexuell mit ihr. Bathseba wird von dieser Begegnung schwanger. Der Versuch Davids, dem Ehemann Uria die Schwangerschaft unterzuschieben, misslingt und endet mit der Ermordung Urias. Das Kind aus dieser ersten Begegnung Davids mit Bathseba stirbt. Die beiden heiraten und Bathseba bringt Salomo zur Welt. Bathseba spielt in dieser Erzählung keine große Rolle, ist kaum eigenständig aktiv.

In den Königsbüchern wird von Bathseba dagegen als machtvolle Frau am judäischen Königshof erzählt. Berichtet wird von einem eigenen Thron. Im Zusammenspiel mit dem Hofpropheten Nathan sichert sie ihrem Sohn die Thronfolge zu. Sie erinnert David an dieses Versprechen. Adonija, ein weiterer Sohn Davids, stellt Ansprüche an den Thron. Bathseba geht hier listig vor, indem sie den Konflikt um die Thronfolge forciert. Sie bringt eine Heirat von Adonija ins Spiel, die Salomo erzürnt und am Ende dem Konkurrenten den Tod bringt. „So ging Bathseba zu König Salomo, um mit ihm wegen Adonija zu reden. Sie nahm zu seiner Rechten Platz und brachte gleich ihr Anliegen vor: »Ich habe nur eine einzige kleine Bitte. Willst du mir zuhören?« »Sprich nur, liebe Mutter, dir werde ich nichts abschlagen!«, antwortete ihr der König." (1. Könige 2.19–20).

## (M3) Material

# Meditative Bildbetrachtung zu Leonardo da Vincis „Abendmahl"

„Zu Tisch!" Und alle eilen. Das abendliche Stundengebet, die Vesper, ist vorüber, das Tagewerk getan. Es war anstrengend und mühselig, der Tag ist lang. Doch nun kommt die Gemeinschaft zusammen. Jeder hat hier seinen Platz. Der Tag im Kloster ist wohlgeordnet. Wir befinden uns im Speisesaal, dem Refektorium, des Dominikanerklosters Santa Maria delle Grazie in Mailand. Die Mönche sitzen an ihren Tischen, doch die Gemeinschaft ist erweitert. Vorne werden Jesus und die Seinen gezeigt. Erst hinter ihnen, in der Tiefe des Raumes, scheint die Wand zu sein. So hat es Leonardo da Vinci kunstvoll gestaltet (1494–1497).

Was haben sich die Mönche gedacht, die auf diese Weise bei jeder Mahlzeit Tischgenossen Jesu wurden. Mit welchem der Jünger haben sie sich identifiziert?

Es ist eine illustre Schar, die Jesus damals und offenbar auch heute um sich sammelt. Um Jesus, den Gastgeber, in der Mitte gruppieren sich vier Dreiergruppen. Es ist ein ausdrucksstarkes Gestikulieren zwischen Erstaunen und Wundern, ein bewegtes Reden und Fragen. Das Abendmahl Jesu nicht als ehrfurchtsvolle Feier in ehrfurchtsvollem Schweigen, sondern als lebendiges Diskutieren der Jünger.

Eine Dreiergruppe blickt mit überraschten Gesichtern vom linken Rand zu Jesus. Bartholomäus mit blauem Gewand (1. v. links) stützt die Hand auf den Tisch. Neben ihm, Jakobus der Jüngere mit rotem Gewand (2. v. links) schaut eher ausdruckslos, während Andreas, der Bruder des Simon Petrus gelb gekleidet (3. v. links) die Schultern hochzieht und eine abwehrende Handbewegung macht. Will er sagen: „Ich bin nicht der Verräter"?

In der zweiten Dreiergruppe finden sich Petrus, Judas und Johannes. Petrus (4. v. links) beugt sich zu Jesu Lieblingsjünger (6. v. links). In ihrer Mitte, Judas der Verräter. Wieso hat Jesus ihn nicht ausgeschlossen aus der Gemeinschaft? Er kennt seinen Verräter und macht nicht, was jeder andere an seiner Stelle getan hätte. Judas bleibt bei Tisch, wenngleich Leonardo da Vinci ihn mit seinem Geldbeutel für alle Betrachter als geldgierigen Menschen erkennbar macht. Petrus will unbedingt wissen, wer der Verräter ist. Letztlich kommt niemand von ihnen um die Frage herum: „Herr, bin ich's, der dich verrät"? Dabei wird selbst Petrus, der Fels, im entscheidenden Augenblick seinen Freund und Herrn verleugnen. Johannes, der Lieblingsjünger Jesu (6. v. links), hat fast weibliche Züge. Sein Gesicht strahlt Sanftmut aus. Er wird es als einer der wenigen später unter dem Kreuz aushalten. „Selig sind die Sanftmütigen."

Rechts neben Jesus bilden Thomas, Jakobus der Ältere und Philippus die dritte Dreiergruppe. Thomas (6. v. rechts), der später als ungläubiger Thomas spürbare Zeichen vom Auferstandenen fordert, erhebt mahnend den Finger zum Himmel. Direkt vor ihm sitzt mit ausgebreiteten Armen Jakobus, der Sohn des Zebedäus (5. v. rechts). Philippus mit rotem Gewand (4. v. rechts) ist aufgesprungen. Offenbar haben ihn die Worte Jesu so beunruhigt. Was meint Jesus mit seinen rätselhaften Worten? Wie wird es weitergehen?

Die vierte Gruppe diskutiert heftig. Auch sie sind verunsichert. Was soll das alles bedeuten, was wir hören und erleben? Wie soll man Jesus und seinen Weg verstehen? Matthäus, (3. v. rechts), Thaddäus (2. v. rechts) und Simon Zelotes (1. v. rechts) haben mehr Fragen als Antworten.

Jesus in der Mitte, rot und mit himmlischem Blau gewandet, bleibt inmitten der aufgeregten Jünger gelassen. Er blickt auf seine linke Handfläche, die mit empfangender Geste nach oben weist.

In welchem der Zwölf erkennen wir uns wieder?
Die Seite der Betrachtenden ist noch leer. Christus und die Jünger sitzen auf der einen Seite.
Wer will gegenüber Platz nehmen?
Es ist doch eine Versammlung von Menschen, die auf den ersten Blick nicht zusammengehören.
Sie haben sich nicht gesucht und gefunden.
Jesus hat sie gesucht und gefunden.
Es ist seine Einladung, die sie zusammenführt.
Der Gastgeber macht sie zu einer Gemeinschaft.
Die Gemeinschaft der Gäste Jesu.
Es geht nicht um meine Sympathie.
Es ist nicht mein Freundeskreis, der sich am Abendmahlstisch trifft, es sind die Freunde Jesu.

---

„Zu Tisch!" Und alle sind eingeladen. Auch wir Nachgeborenen gehören in diese Gemeinschaft.
Und wir finden dort viele, die wir uns nicht selbst ausgesucht haben.
Wir sitzen möglicherweise neben einem, der uns fremd ist oder einer, mit der wir es im Alltag schwer haben.
Es ist die Gästeliste Jesu. Das macht diese Gemeinschaft so spannend und herausfordernd: damals und heute.

---

Der Gastgeber Jesu lädt alle ein. Die Fragen bleiben wie bei den Jüngern damals:
Was bedeutet Jesus Christus für uns und unser Leben?
Wie leben wir die Gemeinschaft der Eingeladenen Jesu?

(Dr. Andreas Hinz)

# Hintergrund

## Biblische Perspektiven des Abendmahls

Symbole zeichnen sich durch Bedeutungsvielfalt aus. Sie sagen mehr aus, als sie vordergründig, wörtlich verstanden, bedeuten. Religiöse Sprache ist notwendig symbolisch, weil sie das Alltägliche, vor Augen Stehende, überschreiten will und einlädt, den Blick ins Himmlische, Transzendente zu richten. Vom Reich Gottes kann nur in symbolischer Sprache gesprochen werden, denn es hat eine andere Qualität als unser gewöhnlicher Alltag.

Das Abendmahl ist eine grundlegende, symbolische Handlung, ein Ritual, das Gemeinschaft ermöglicht. Zugleich bleibt allen Teilnehmenden offen, welche Perspektiven ihnen wichtig werden. So verbinden sich Gemeinschaft und Individualität. Allerdings kann diese individuelle Vielfalt auch spaltend wirken. Von Anfang an gab es Konflikte um das Abendmahl. Paulus etwa kritisiert die korinthische Gemeinde scharf, weil sich die Wohlhabenden ihren sozialen Pflichten entziehen.

Von Beginn an gehört das Abendmahl zu den gemeinsamen Vollzügen der frühen Christen. Allerdings ist es von Anfang an auch in seiner Bedeutung umstritten. Schon die neutestamentlichen Schriften geben unterschiedliche Begründungen und Bedeutungsmotive, die wie ein Kaleidoskop das letzte Abendmahl Jesu in vielen Farben erscheinen lassen.

So verbindend das Abendmahl für die christlichen Gemeinden ist, so trennend erweist es sich im Laufe der Kirchengeschichte zwischen den einzelnen Kirchen. Das katholische und das evangelische Abendmahlsverständnis bleiben in Verbindung mit dem unterschiedlichen Amtsverständnis eines der Haupthindernisse einer umfassenden Ökumene. Das betrifft auch das orthodoxe Abendmahlsverständnis und die zentrale Stellung der Eucharistie in der Liturgie. Selbst in der reformatorischen Tradition wirkt der heftig geführte Abendmahlsstreit zwischen den Lutheranern und Calvinisten von Anbeginn an trennend. Ist Christus real präsent in Brot und Wein oder ist er es nur zeichenhaft? Erst mit der Leuenberger Konkordie (1973) werden die unterschiedlichen reformatorischen Sichtweisen gegenseitig respektiert und ein gemeinsames Feiern möglich.

Zu den vielfältigen dogmatischen und liturgischen Bedeutungsebenen kann hier nur auf die einschlägige Literatur verwiesen werden. Vielmehr sollen im Folgenden einige biblische Impulse als Anregungen für das Gespräch über die Bedeutungsvielfalt des Abendmahls gegeben werden.

### 1. Das Abendmahl als Gedächtnismahl

Der Herr Jesus, in der Nacht, da er verraten ward, nahm er das Brot, dankte und brach's und sprach: Das ist mein Leib für euch; das tut zu meinem Gedächtnis. Desgleichen nahm er auch den Kelch nach dem Mahl und sprach: Dieser Kelch ist der neue Bund in meinem Blut; das tut, sooft ihr daraus trinkt, zu meinem Gedächtnis. Denn sooft ihr von diesem Brot esst und von dem Kelch trinkt, verkündigt ihr den Tod des Herrn, bis er kommt.
(1. Kor 11,23–26)

Vor aller dogmatischen Deutung des Abendmahls ist festzuhalten, dass der historische Jesus mit seinen Jüngern am Vorabend seiner Kreuzigung zusammenkam. Es ist ein Gedächtnismahl, das zugleich in die Zukunft verweist. Indem es daran erinnert, macht das Abendmahl den Neuen Bund, den Jesus Christus stiftet, für die Feiernden erfahrbar.

## 2. Das Abendmahl als Tischgemeinschaft mit Judas

Der Herr Jesus, in der Nacht, da er verraten ward, nahm er das Brot ..., (1. Kor 11,23)
Und sie fingen an, untereinander zu fragen, wer es wohl wäre unter ihnen, der das tun würde. (Luk 22,23)
Und als sie bei Tisch waren und aßen, sprach Jesus: Wahrlich, ich sage euch: Einer unter euch, der mit mir isst, wird mich verraten. Da wurden sie traurig und sagten zu ihm, einer nach dem andern: Bin ich's? (Markus 14,18f)

Es bleibt überraschend, mit wem Jesus sein letztes Abendmahl feiert, vom ungläubigen Thomas, über die streitsüchtigen Zebedäusbrüder bis hin zum überheblichen Petrus. Besonders irritierend ist, wie die Evangelien erzählen, dass Jesus weiß, was Judas vorhat. Dennoch stößt er ihn von der Gemeinschaft nicht aus. Hatte er zuvor schon mehrfach Anstoß durch seine Tischgemeinschaften mit „Sündern und Zöllner" gegeben, so ist die Gastfreundschaft mit dem von ihm bereits erkannten Verräter gänzlich ungewöhnlich. Feindesliebe zeigt sich hier in ihrer ganzen Konsequenz. Mit welchem Recht kann Kirche Menschen vom Abendmahl ausschließen, wenn Jesus mit Judas feiert?

Es gibt zu denken, dass selbst die treuen Anhänger Jesu es nicht für unmöglich halten, selbst zu Verrätern Jesu und seiner Sache zu werden. Offenbar kann potenziell jeder zum Judas werden. Diese Einsicht kann vor religiösem Hochmut und Selbstgerechtigkeit bewahren.

## 3. Das Abendmahl als Feier der Vergebung der Sünde

Als sie aber aßen, nahm Jesus das Brot, dankte und brach's und gab's den Jüngern und sprach: Nehmet, esset; das ist mein Leib. Und er nahm den Kelch und dankte, gab ihnen den und sprach: Trinket alle daraus; das ist mein Blut des Bundes, das vergossen wird für viele zur Vergebung der Sünden. (Matthäus 26,26–30)

Der Mensch ist gute Schöpfung Gottes. Er findet sich in einer wunderbaren Welt vor. Davon erzählen die Schöpfungsgeschichten am Anfang der Bibel und singen die Psalmen (z. B. Ps 8; Ps 104).
Doch zugleich ist jeder Mensch zum Bösen fähig. Das ist eine tägliche Erfahrung in persönlichen Leben wie in der Welt. Vom kleinen Verrat, der Lüge, über die Habsucht und die Ignoranz gegenüber Hilfsbedürftigen bis hin zur Verletzung anderer an Leib und Seele. Und sogar Mord und Totschlag und Krieg sind Möglichkeiten des Menschen. Auch davon erzählen die Urgeschichten der Bibel anschaulich. Kain und Abel sind Brüder und wissen sich nicht anders zu begegnen als in Neid, Hochmut und Hass, der im Brudermord endet. Die Fähigkeit zur Bosheit des Menschen verdichtet sich in der Geschichte von der Sintflut und zieht sich durch die ganze Bibel. Darin zeigt sich, wie realistisch sie den Menschen sieht: fähig zur Liebe und Menschlichkeit und zugleich zu zerstörerischem Tun, gutes Geschöpf Gottes und Sünder zugleich.

In Jesus Christus gewinnt die Liebe Gottes menschliche Gestalt. Doch auch hier zeigt sich die Geschichte menschlicher Schwäche, Ablehnung und Hass. Jesus begegnet den Menschen mit Liebe und erfährt Verrat, Ignoranz, Hass, und zuletzt wird er getötet. Die Antwort Gottes auf die Kreuzigung Jesu aber ist übermenschliche Feindesliebe. Die Liebe Gottes auf den menschengemachten Karfreitag zeigt sich an Ostern. Die Menschen töten, Gott schafft Leben.

Schon beim letzten Abendmahl Jesu wird in dieser ungewöhnlichen Tischgemeinschaft mit dem schwachen Petrus, dem ungläubigen Thomas und sogar dem Verräter Judas deutlich, wie ungewöhnlich diese überwältigende Liebe Gottes ist. Sie überwindet alle Schwächen und Schuld des Menschen. Das Kreuz, das Menschen in ihrer Verachtung aufrichten, wird zum Inbegriff des Versöhnungswillens Gottes. Jesus Christus opfert sein Leben und Gott überwindet an Ostern den Tod. Mehr Feindesliebe kann es nicht geben.

Die Feier des Abendmahls nimmt Menschen in diese Liebe Gottes hinein. Die menschliche Gottesferne, die Sünde und alle individuelle Schuld werden mit dem Lebensopfer Christi überwunden. So wird neues, versöhntes Leben möglich. Gott schenkt in Jesus Christus seine Gegenwart. Er bleibt uns Menschen treu. Gott bestätigt aufs Neue seinen Bund mit seiner Schöpfung und dem Menschen. Wer das Abendmahl feiert, kann die gute Nachricht in Brot und Wein sehen und schmecken. Der Glauben öffnet dabei die Augen für die Gemeinschaft mit dem lebendigen Christus. Gott vergibt alle Sünde und Schuld und macht es immer wieder möglich, das Leben individuell und als Gemeinschaft neu und unbeschwert zu beginnen.

### 4. Das Abendmahl als Erinnerung an die Geschichte Israels als den Ursprung des Neuen Bundes
Und er sprach zu ihnen: Mich hat herzlich verlangt, dies Passalamm mit euch zu essen, ehe ich leide. (Lukas 22,15)

Es ist umstritten, inwieweit das Abendmahl vom traditionellen Passafest her zu deuten ist. Offenkundig ist dies aber eine wichtige Traditionsspur ins Alte Testament und verweist auf die bleibende Verbundenheit mit dem Alten Bund und dem Glauben Israels. Das Motiv der Befreiung aus der Gefangenschaft, das eingreifende Handeln Gottes zugunsten des Lebens in Freiheit bleibt auch für das Abendmahl bedeutsam.

### Das Abendmahl als Mahl des Aufbruchs
So sollt ihr's aber essen: Um eure Lenden sollt ihr gegürtet sein und eure Schuhe an euren Füßen haben und den Stab in der Hand und sollt es in Eile essen; es ist des Herrn Passa. (Exodus 12,11)

Mit dem Passamotiv ist die Ermutigung zum Aufbrechen aus dem Alten, den vertrauten, aber gefangen nehmenden Strukturen verbunden. Der Exodus, der Aufbruch zur neuen, von Gott verheißenen Welt bleibt ein Impuls für Glaubende. Das Abendmahl ist dazu die symbolische Wegzehrung.

### 5. Das Abendmahl als eschatologisches Mahl
Denn ich sage euch, dass ich es nicht mehr essen werde, bis es erfüllt wird im Reich Gottes. Und er nahm den Kelch, dankte und sprach: Nehmt ihn und teilt ihn unter euch; denn ich sage euch: Ich werde von nun an nicht trinken von dem Gewächs des Weinstocks, bis das Reich Gottes kommt. (Lukas 22,16–18)

Eschatologie, die Lehre von der Hoffnung, symbolisiert sich in der Zukunftserwartung des Abendmahls. Es bleibt nicht alles, wie es ist. Das Reich Gott kommt wie Jesus es gelebt und gelehrt hat. Wer sich diese Zukunftsperspektive durch das Feiern bewusst macht, wird auch für das gegenwärtige Tun im Geiste Jesu ermutigt.

## 6. Das Abendmahl als Mahl der Gemeinschaft

Und sie waren täglich einmütig beieinander im Tempel und brachen das Brot hier und dort in den Häusern, hielten die Mahlzeiten mit Freude und lauterem Herzen und lobten Gott. (Apg 2,46f)

Ursprünglich war das Abendmahl mit einer sättigenden Mahlzeit verbunden. Die von Lukas idealisiert dargestellte Urgemeinde zeichnet sich dadurch aus, dass gottesdienstliche Feier und diakonisches Tun zusammengehören. Gemeinschaft, die ihre soziale Verantwortung nicht lebt, entspricht offenkundig nicht dem Geist des Abendmahls. Was die Teilnehmenden verbindet, ist allerdings nicht ihr eigener Entschluss, sondern Jesus als der Einladende. Durch seinen Vater, unseren Schöpfer, werden wir zu Geschwistern. Durch die Einladung Jesu an alle wird Gemeinschaft möglich, die mehr und anderes ist als ein selbst gewählter Freundeskreis.

## 7. Das Abendmahl als Beherbergung des unbekannten Christus

Und sie nötigten ihn und sprachen: Bleibe bei uns; denn es will Abend werden, und der Tag hat sich geneigt. Und er ging hinein, bei ihnen zu bleiben. Und es geschah, als er mit ihnen zu Tisch saß, nahm er das Brot, dankte, brach's und gab's ihnen. Da wurden ihre Augen geöffnet, und sie erkannten ihn. Und er verschwand vor ihnen. Und sie sprachen untereinander: Brannte nicht unser Herz in uns, da er mit uns redete auf dem Wege und uns die Schrift öffnete? (Lukas 24,29–31)

Denn ich bin hungrig gewesen und ihr habt mir zu essen gegeben. Ich bin durstig gewesen und ihr habt mir zu trinken gegeben. Ich bin ein Fremder gewesen und ihr habt mich aufgenommen. (Matthäus 25,35)

Ohne es zu wissen, laden die Emmausjünger den Auferstandenen ein. Sie werden zu Gastgebern des unerkannten Christus und erkennen ihn im Brotbrechen. Zugleich bleibt er ihnen unverfügbar. Ohne seiner habhaft zu werden, ziehen sie gestärkt und ermutigt in die Welt.

Gemäß Jesu Rede von den sechs Werken der Barmherzigkeit (Matthäus 25) zeichnen sich die Gerechten gerade darin aus, dass sie sich Notleidenden menschlich zeigen und ihnen zum Nächsten werden, ohne ein religiöses Motiv zu verfolgen. Sie beherbergen unwissentlich den Christus, der sich mit den Hilfsbedürftigen identifiziert. So verstanden, erschließt sich die Realpräsenz Christi in der Begegnung mit dem Nächsten. Dort ist Christus „mitten unter ihnen." So konkretisiert sich die Glaubenserfahrung von der Gegenwart Christi im Abendmahl.

(Dr. Andreas Hinz)

# Karfreitag

## 3. Entdeckungsreise

# Wie kann man an Gott glauben angesichts des Leids in der Welt?

2. Entdeckungsreise: Karfreitag

**Ziele der Entdeckungsreise:**

• Die TN denken über ihre eigene Position zum Thema „Gott und das Leid" nach und tauschen diese mit anderen Teilnehmenden aus.

• Die TN lernen verschiedene Denkansätze kennen und prüfen diese für sich.

• Die TN nehmen den Zweifel als Teil des Glaubens wahr.

# Karfreitag

# V Verlauf

| Zeit | Inhalt | Arbeitsform | Material |
|---|---|---|---|
| 5' | **1. Einstieg: Problemanzeige Gott und das Leid** | | |
| | Das LT begrüßt die TN und führt ein: *„Wie kann man an Gott glauben angesichts des Leids in der Welt? Darüber wollen wir miteinander in den kommenden 90 Minuten nachdenken und uns darüber austauschen. Sie können Ihre eigenen Gedanken dazu einbringen, werden verschiedene Denkansätze kennenlernen und diese für sich prüfen können. Auch die Bedeutung des Zweifels wollen wir in den Blick nehmen.“* | Die TN sitzen auf Stühlen um einen Tisch herum, in dessen Mitte das Ablageblatt (M1) liegt. Vor jede*r TN steht eine Spielfigur. | Spielfiguren<br><br>(M1) Ablageblatt |
| 20' | **2. Positionierung und Stellungnahme zu fünf Aussagen** | | |
| | Das LT legt die erste Aussage von M2 in die Mitte des Blattes in den Kasten und fordert die TN auf: *„Bitte positionieren Sie Ihre Spielfigur, je nachdem, wie Sie zu der Aussage stehen.“* | Plenum<br><br>Die TN positionieren ihre Spielfiguren. | (M1) Ablageblatt<br><br>(M2) Fünf Aussagen<br><br>Spielfiguren |
| | Das LT fragt die TN: *„Warum haben Sie Ihre Spielfigur an diese Position gestellt? Wie würden Sie den Satz vervollständigen?“* Die TN äußern sich spontan. | | |
| | Das LT bittet die TN ihre Spielfigur wieder zu sich zu nehmen. | | |
| | Das LT legt die zweite Aussage von M2 in die Mitte des Blattes, der Ablauf wiederholt sich so lange, bis alle fünf Aussagen besprochen wurden. | | |
| | **Variante bei größeren Gruppen:** Das LT hat in vier Ecken des Raumes Plakate mit „Ja“, „Ja, aber“, „Nein“ und „Nein, aber“ aufgehängt. Die fünf Aussagen sind jeweils auf einzelne große Plakate geschrieben. Die erste Aussage wird von dem LT laut vorgelesen und dann in die Mitte des Raumes gelegt. Die TN positionieren sich in einer der vier Ecken. Das LT befragt die TN, warum sie dort stehen. Anschließend wiederholt sich der Ablauf so lange, bis alle fünf Aussagen besprochen sind. | | Plakate von<br><br>(M1) und (M2) |

| Zeit | Inhalt | Arbeitsform | Material |
|---|---|---|---|
| 20' | **3. Verschiedene Denkansätze anhand der Begriffe Macht, Liebe, Verstehbarkeit**<br><br>Das LT legt in die Tischmitte die drei Begriffskreise „Macht", „Liebe", „Verstehbarkeit" und erläutert deren Bedeutung und Zusammenhang.<br><br>Die TN äußern sich zu den Ausführungen des LT und benennen ihre eigenen Vorstellungen. | Die TN sitzen um den Tisch.<br><br>Die drei Themenkreise werden auf einem Tisch positioniert oder an die Wand gehängt. | (M3) Drei Themenkreise<br><br>(H1) Macht, Liebe, Verstehbarkeit |

| 15' | **4. Welche Rolle spielt der Zweifel?**<br><br>Das LT führt aus:<br>*„James Cone (1938–2018) ist einer der Mitgründer der Schwarzen Theologie in Amerika. Das folgende Zitat stammt aus seinem letzten Buch ‚The Cross and the Lynching Tree' aus dem Jahr 2011. Hier verbindet er die Erfahrungen der Lynchmorde in Amerika an Schwarzen mit dem Kreuz Jesu. Seine Theologie gründet auf der Wahrnehmung der Widersprüche. Gerade das Kreuz Jesu gäbe den Schwarzen die Kraft, nicht aufzugeben, trotz aller Zweifel am Glauben angesichts dessen, was sie erleben."*<br><br>Das LT legt das Cone-Zitat (M4) in die Tischmitte, liest es vor und regt an:<br>*„Sie sind nun eingeladen, sich in Dreiergruppen anhand dieses Zitates über eigene Erfahrungen von Glauben und Zweifel auszutauschen."* | | (M4) Gekürztes Zitat Zweifel |
| | | Die TN tauschen ihre Gedanken und Erfahrungen in kleinen Gruppen aus. | |

| Zeit | Inhalt | Arbeitsform | Material |
|---|---|---|---|
| 20' | **5. Jesus stirbt am Kreuz** | | |
| | Das LT führt ein: *„Das Sterben Jesu am Kreuz taucht das Leid der Welt in ein neues Licht. Vielleicht sind die Leiderfahrungen des Lebens damit anders zu ertragen."* | Plenum | (M5) Bibeltext (H2) Bibelarbeit nach der Lectio divina |
| | Das LT verteilt den Bibeltext (M5), liest ihn laut vor und bittet die TN: *„Bitte richten Sie beim zweiten Hören des Textes Ihre Aufmerksamkeit auf folgende Punkte: Achten Sie auf einzelne Personen im Text – was tun und sagen sie? Wie spricht dieser Text über Gott?"* | | (H3) Auslegung Bibeltext |
| | Das LT liest den Bibeltext (M5) ein zweites Mal langsam vor und fordert danach die TN auf, ihre Wahrnehmungen zu benennen: *„Bitte benennen Sie Ihre Wahrnehmungen."* | Die TN tauschen sich über ihre Wahrnehmungen aus. | |
| | Das LT stellt eine weitere Frage: *„Was sagt der Text, wenn wir ihn in die Überlegungen des heutigen Abends stellen? Welche Antworten gibt er?"* In diesen Austausch lässt das LT Aussagen von H1 einfließen. | Die TN tauschen sich im Plenum aus. | |
| | Abschließend fragt das LT die TN: *„Welche Antworten gibt der Text auf die Überlegungen des bisher Besprochenen?"* | Die TN tauschen sich im Plenum aus. | |
| 15' | **6. Abschluss: Vertiefung** | | |
| | Das LT teilt M6 aus und fragt die TN: *„Hat sich Ihr Verständnis von Karfreitag verändert? An welcher Position hängt das Kreuz im Kirchenraum? Was bedeutet dies für unsere Auseinandersetzung mit dem Leiden?"* | Die TN tauschen sich im Plenum aus. | (M6) Langes Zitat Zweifel |

 **Material**

Ja, weil

Nein, aber  Ja, aber

Nein, weil

 **Material**

Ja, aber

Nein, weil

Nein, aber

# M2a Material

> Wenn Menschen leiden,
> leidet Gott mit ihnen.

> Gäbe es einen Gott, hätte er
> Auschwitz nicht zugelassen;
> und da es Auschwitz gab, gibt
> es keinen Gott.

> An einen Gott, der nicht
> eingreifen kann oder will,
> kann ich nicht glauben.

> Gott ist ohnmächtig.

> Gott will, dass es den
> Menschen gut geht.

# M2b Material

Wenn Menschen leiden, leidet Gott mit ihnen.

Gäbe es einen Gott, hätte er
Auschwitz nicht zugelassen;
und da es Auschwitz gab, gibt
es keinen Gott.

An einen Gott, der nicht eingreifen kann oder will, kann ich nicht glauben.

Gott ist ohnmächtig.

Gott will, dass es den Menschen gut geht.

# Material

Liebe

Versteh-
barkeit

# M4 Material

**Zitat James Cone**

## Wie kann man an Gott glauben, wenn wir Zeuge von schrecklichem Leiden werden?

Unter diesen Lebensbedingungen ist **Zweifel** keine Leugnung, sondern ein **wichtiger Teil des Glaubens.** Er hält den Glauben davon ab, selbstzufrieden zu werden.

Zitat von James Cone aus „Das Kreuz und der Lynchbaum", übersetzt von Stefanie Heimann

# (M5) Material

## Bibeltext Markus 15, 27 – 39

### Jesus stirbt am Kreuz

27 Und sie kreuzigten mit ihm zwei Räuber, einen zu seiner Rechten und einen zu seiner Linken.

29 Und die vorübergingen, lästerten ihn und schüttelten ihre Köpfe und sprachen: Ha, der du den Tempel abbrichst und baust ihn auf in drei Tagen,

30 hilf dir nun selber und steig herab vom Kreuz!

31 Desgleichen verspotteten ihn auch die Hohenpriester untereinander samt den Schriftgelehrten und sprachen: Er hat andern geholfen und kann sich selber nicht helfen.

32 Der Christus, der König von Israel, er steige nun vom Kreuz, damit wir sehen und glauben. Und die mit ihm gekreuzigt waren, schmähten ihn auch.

33 Und zur sechsten Stunde kam eine Finsternis über das ganze Land bis zur neunten Stunde.

34 Und zu der neunten Stunde rief Jesus laut: Eli, Eli, lama asabtani? Das heißt übersetzt: **Mein Gott, mein Gott, warum hast du mich verlassen?**

35 Und einige, die dabeistanden, als sie das hörten, sprachen sie: Siehe, er ruft den Elia.

36 Da lief einer und füllte einen Schwamm mit Essig, steckte ihn auf ein Rohr, gab ihm zu trinken und sprach: Halt, lasst uns sehen, ob Elia komme und ihn herabnehme!

37 Aber Jesus schrie laut und verschied.

38 Und der Vorhang im Tempel zerriss in zwei Stücke von oben an bis unten aus.

39 Der Hauptmann aber, der dabeistand, ihm gegenüber, und sah, dass er so verschied, sprach: **Wahrlich, dieser Mensch ist Gottes Sohn gewesen!**

*Lutherbibel, revidiert 2017, © 2016 Deutsche Bibelgesellschaft, Stuttgart*

# M6 Material

**Zitat James Cone**

## Wie kann man an Gott glauben, wenn wir Zeuge von schrecklichem Leiden werden?

Unter diesen Lebensbedingungen ist **Zweifel** keine Leugnung, sondern ein **wichtiger Teil des Glaubens.** Er hält den Glauben davon ab, selbstzufrieden zu werden. Aber der Zweifel hat dabei nicht das letzte Wort.

## Das letzte Wort hat der Glaube, der uns zur Hoffnung auf(er)stehen lässt.

Zitat von James Cone aus „Das Kreuz und der Lynchbaum", übersetzt von Stefanie Heimann

#  Hintergrund

## Vorstellung der Themenkreise Macht – Liebe – Verstehbarkeit

In Anlehnung an Hans Jonas' „Der Gottesbegriff nach Auschwitz. Eine jüdische Stimme" stellt das LT Lösungsmöglichkeiten und verschiedene Denkansätze mithilfe der drei göttlichen Attribute „Macht – Liebe – Verstehbarkeit" vor.

**Welche der drei Attribute sind wesentlich für unseren Glauben?**
Jonas arbeitet mit drei Attributen Gottes: Liebe, Macht und Verstehbarkeit. Diese stehen in einem solchen Verhältnis, dass jede Verbindung von zwei Attributen das dritte ausschließt. Welche der drei Attribute sind wesentlich für unseren Glauben?

### Macht und Liebe – keine Verstehbarkeit

Gott kann das Leid verhindern, er hat Macht, er will es auch, weil er die Liebe und Güte will. Aber aus einem Grund, der für uns Menschen nicht verstehbar ist, lässt er Leid zu, greift nicht ein. Der Mensch kann nicht verstehen, warum das Leid in der Welt ist. Erst am Ende aller Zeiten wird Gott es uns/mir offenbaren und alle Fragen beantworten. Es gibt keine Antwort auf das Leid.

### Macht und Verstehbarkeit – keine Liebe

Gott will Gut und Böse. Die Welt ist kein Paradies. Gott straft den Gottlosen mit dem Leid, er will das Leiden nicht wegnehmen. Wer leidet, hat sich etwas zuschulden kommen lassen, das Gott bestraft.

### Liebe und Verstehbarkeit – keine Macht

Gott will die Liebe, aber wir sehen viel Leid in der Welt. Gott kann nicht eingreifen, er kann das Leid nicht beseitigen. Wenn Gott auf gewisse Weise und in gewissem Grade verstehbar sein soll, dann muss seine Liebe vereinbar sein mit der Existenz des Übels, das geht nur über den Ausschluss der Macht – er ist nicht allmächtig.

# Arbeit mit dem Bibeltext in Anlehnung an die lectio divina

Das Textblatt wird verteilt und das LT liest den Text einmal langsam vor.

Danach werden die Teilnehmenden gebeten, ihre Aufmerksamkeit beim zweiten Hören und Lesen des Textes auf folgende Fragen zu richten:
• Achten Sie auf einzelne Personen im Text – was tun und sagen sie?
• Wie spricht dieser Text über Gott?

Der Text wird ein zweites Mal langsam vorgelesen.
Im Anschluss daran tauschen sich die Teilnehmenden über ihre Wahrnehmungen aus.

Das LT stellt eine weitere Frage:
Was sagt der Text, wenn wir ihn in die Überlegungen des heutigen Abends stellen?
Welche Antworten gibt er?
Es schließt sich ein weiterer Austausch an.
Das LT lässt Aussagen von H 3 einfließen.

**Wenn die Anzahl der TN groß genug ist, könnte die Arbeit am Bibeltext auch in zwei Gruppen durchgeführt werden, in denen jeweils eine Person des LT dabei ist.**

# Hintergrund

## Auslegung Markus 15, 33 – 39

Das Sterben Jesu am Kreuz taucht das Leid der Welt in ein neues Licht. Vielleicht sind die Leiderfahrungen des Lebens damit anders zu ertragen. Das letzte Wort Jesu ist die verzweifelte Frage aus Psalm 22 „Mein Gott, warum hast du mich verlassen?". Jesu letzte Lebensäußerung war dieser gottverlassene Schrei. Auf seine Frage gab es keine Antwort. Jede schlimme Antwort wäre besser gewesen als dieses Schweigen. Auch wir fragen im Leid „Warum" und erhalten keine Antwort. Unser Glaube sagt, an diesem Kreuz, im tiefsten Leid, da ist irgendwie Gott dabei. Es ist ein römischer Hauptmann, er war kein Jude, der diese Erkenntnis ausspricht: „Wahrhaftig, dieser Mensch war Gottes Sohn". Das sagte er, als er Jesus auf diese Weise sterben sah, in Verzweiflung und mit der unbeantworteten Frage auf den Lippen. Da am Kreuz ist Gott, im Leiden ist Gott, sagt der Bibeltext. Diese Aussage stellt das übliche Verständnis von Religion auf den Kopf, die sagt, das Gott eine Macht ist, die denjenigen hilft, die an ihn glauben und sich recht verhalten.

Markus beschreibt in seinem Text, dass der Vorhang im Tempel, der das Allerheiligste verdeckte, nach dem Tod Jesu entzwei riss, von oben bis unten. Von jetzt an kann man direkt in das Allerheiligste sehen. Und sieht dort – den am Kreuz leidenden Jesus.

Es ist nicht zu verstehen, warum Jesus auf diese Art und Weise sterben muss. Aber der Text eröffnet ein neues Verständnis: Wir rufen Gott an, um uns vor Leid zu bewahren, aber zugleich ist Gott auch in unserem Leid dabei. In Leid und Schmerz berühren wir Gott selber. Gott ist es, der in und mit uns leidet. Diese Ahnung kann uns helfen, das Leid zu ertragen. Der Weg des Sohnes Gottes führt durch Leid und Tod. Das enthebt uns zugleich der Notwendigkeit, im Leiden einen Sinn zu suchen.

*In Anlehnung an eine Predigt von Ruedi Heinzer am 2. 4. 2010 im Schweizer Radio DRS 2*

# Ostern

## 4. Entdeckungsreise

# Auferstehung – mehr als ein Morgen

4. Entdeckungsreise: Ostern

**Ziele der Entdeckungsreise:**

• Die TN machen gegenwärtige Erfahrungen mit der Auferstehung.

• Die TN nehmen die Ostergeschichte nicht im Sinn eines Rückblicks wahr, sondern werden an den Anfang zurückgeführt, um mit den ersten Frauen und Männern, die dem Auferstandenen begegnet sind, den Weg ins Leben zu gehen.

• Die TN lassen sich auf das Bild von der Emmaus-Geschichte und auf die Wahrnehmungen anderer dazu ein.

# Verlauf

| Zeit | Inhalt | Arbeitsform | Material |
|---|---|---|---|
| 10' | **1. Einstieg: Ostern als Weg ins Leben**<br><br>Das LT begrüßt die TN und führt ein:<br>*„Willkommen zur vierten Entdeckungsreise! Heute geht es um das Thema ‚Auferstehung – mehr als ein Morgen'. Wie können Sie, wie können wir heute Ostern verstehen, Erfahrungen mit der Auferstehung machen? Wir wollen Ostern nicht im Sinn eines Rückblicks wahrnehmen, sondern an der Seite der ersten Frauen und Männer, die dem Auferstandenen begegnet sind, erfahren: Ostern war kein ‚happy beginning'. Da waren Menschen, die eine tiefe Erschütterung erlebt haben, als Jesus gekreuzigt wurde und gestorben ist. Sie waren dann mit dem Auferstandenen unterwegs und haben ihn erkannt. Christen sind ‚Leute des Weges'. In diesem Sinn laden wir Sie ein zu entdecken, was das bedeuten kann, den Weg ins Leben zu gehen."* | Die TN sitzen im Plenum in einem zur Projektionsfläche geöffneten Stuhlkreis. | |
| 5' | **2. Einstimmung in die Bildmeditation**<br><br>**(Variante 1:) Einstimmung im Sitzen**<br>Das LT aktiviert die TN:<br>*„Zur Einstimmung in die folgende Bildmeditation mit einer freien Nacherzählung zu einer besonderen Ostergeschichte bitte ich Sie, dass Sie eine aufrechte Sitzhaltung einnehmen. Nehmen Sie mit Ihren Füßen einen guten Bodenkontakt auf. Legen Sie Ihre Hände bewusst ab, mit den Handinnenseiten nach unten oder nach oben geöffnet auf die Knie. Wenn Sie mögen, schließen Sie Ihre Augen. Lassen Sie Ihren Atem fließen, achten Sie darauf, dass Ihr Atem tief in Sie einströmt und gönnen Sie sich ein paar Mal ein ausgiebiges, tiefes Ausatmen und eine Atempause, bevor Sie wieder ruhig einatmen."*<br><br>Die TN stimmen sich meditativ im Sitzen ein und atmen einige Mal tief ein und aus.<br><br>Das LT fordert die TN auf:<br>*„Öffnen Sie nun wieder Ihre Augen."* | | |

| Zeit | Inhalt | Arbeitsform | Material |
|------|--------|-------------|----------|

**(Variante 2:) Einstimmung im Gehen**
Das LT aktiviert die TN:
*„Zur Einstimmung in die Ostergeschichte, wie Menschen miteinander unterwegs waren und was sie beim Gehen erlebt haben, bitte ich Sie aufzustehen. Stellen Sie sich auf beide Füße, die Beine hüftbreit auseinander. Streichen Sie mit dem rechten Fuß einige Male über den Fußboden und spüren Ihre Fußsohlen, nun mit dem linken Fuß. Stehen Sie nun auf beiden Füßen und spüren Sie in Ihrer Fußsohle den Ballen der großen Zehe, den Ballen der kleinen Zehe und nun die Ferse. Nehmen Sie die leichte Bewegung Ihres Körpers wahr, die durch Ihren Atem verursacht wird. Gehen Sie mit dieser Bewegung mit, lassen Sie diese ungehindert geschehen. Kommen Sie so ins Pendeln von vorne nach hinten. Finden Sie Ihren eigenen Rhythmus. Behalten Sie mit den ganzen Fußsohlen Kontakt zum Boden. Kommen Sie wieder zum ruhigen Stehen und spüren Sie der Bewegung nach. Verlagern Sie nun Ihr Gewicht nach vorne. Lösen Sie einen Fuß vom Boden und tun einen Schritt. Gehen Sie langsam, Schritt für Schritt. Gehen Sie bei jedem Schritt mit einem leichten Widerstand gegen den Boden. Lassen Sie Ihre Fußgelenke beweglich mitgehen. Bleiben Sie stehen und nehmen eine zusammengesackte Haltung ein. Kommen Sie in dieser Haltung zum Gehen und nehmen Sie wahr, wie Sie sich dabei fühlen.*
*Bleiben Sie stehen und richten sich auf. Kommen Sie wieder ins Gehen und nehmen bei jedem Schritt wahr, wie sich Ihre Füße vom Boden lösen und wieder aufsetzen."*

Die TN gehen im Raum umher.

Das LT fordert die TN auf:
*„Bleiben Sie nun wieder stehen. Halten Sie kurz inne und nehmen Sie nun wieder Ihre Plätze ein."*

Die TN setzen sich.

| Zeit | Inhalt | Arbeitsform | Material |
|---|---|---|---|
| 10' | **3. Betrachtung des Emmaus-Bildes**<br><br>Das LT projiziert M1 „Emmaus-Bild" an die Wand oder teilt es als Ausdruck aus. Das LT führt die TN ein:<br>*„Dieses Bild schenkte die Künstlerin und Kunstpädagogin Janet Brooks-Gerloff im Sommer 1992 dem Konvent der Benediktinerabtei Kornelimünster zur Einweihung eines neuen Gebäudeflügels. Die Mönche hatten sich ein Bild zum Emmaus-Thema für die Station gewünscht, wo sie sich vor dem Gottesdienst sammeln können. Frühere Arbeiten der Künstlerin zum Emmaus-Thema hatten diesen Wunsch angeregt."*<br><br>Das LT fordert die TN auf:<br>*„Bitte betrachten Sie zunächst still das Bild."*<br><br>Die TN betrachten das Bild.<br>Das LT aktiviert die TN:<br>*„Bitte benennen Sie, was Sie wahrnehmen und beobachten mit Sätzen wie: ‚Ich sehe …',<br>‚Ich nehme wahr …', ‚Mich berührt auf dem Bild … '."*<br><br>Die TN äußern sich spontan. | Plenum | (M1) Emmaus-Bild<br><br>als Ausdruck für die TN oder Grafikdatei zur Projektion mit Laptop/Beamer und Projektionsfläche |
| 5' | **4. Hören der Emmaus-Ostergeschichte Lk 24**<br><br>**(Variante 1:) Meditative Nacherzählung M2**<br>Das LT führt die TN ein:<br>*„Sie hören nun die Emmaus-Geschichte aus LK 24 in der Form einer freien Nacherzählung."*<br>Das LT liest M 2 in drei verteilten Rollen. Wenn das LT aus zwei Personen besteht, sollte vor Beginn der ER eine Person aus dem Kreis der TN angesprochen werden, um die Rolle von Jesus zu lesen. Sie erhält zugleich den Text, um sich damit vertraut zu machen. | Plenum | (M2) Nacherzählung Lk 24 |
| | **(Variante 2:) Bibeltext Lk 24,13 – 33 M3**<br>Das LT führt die TN ein:<br>*„Sie hören nun die Emmaus-Geschichte aus LK 24."*<br>Das LT liest M 3 in drei verteilten Rollen. Ggf. wird vorher eine dritte Person aus dem Kreis der TN angesprochen und ihr der Textausdruck ausgehändigt. | Plenum | (M3) Lk 24,13 – 33 |

| Zeit | Inhalt | Arbeitsform | Material |
|---|---|---|---|
| 10' | **5. Nachdenken über die Emmaus-Ostergeschichte Lk 24** | | |

10'   **5. Nachdenken über die Emmaus-Ostergeschichte Lk 24**

Das LT teilt Stifte und M4 „Fragen" aus und führt die TN ein:   | Plenum | (M4) Fragen

*„Wir wollen uns nun darauf besinnen und darüber nachden-*
*ken, was Bild und Geschichte von Emmaus in uns angeregt*
*haben. Dazu finden Sie drei Fragen auf Ihrem Blatt:*
*1: Was berührt mich an der Emmaus-Geschichte?*
*2: Was habe ich in der Erzählung neu entdeckt,*
*   was ist mir aufgefallen?*
*3: Welche Fragen möchte ich nun gern mit anderen bereden?*
*   Sie haben nun Zeit, um sich dazu im Stillen Ihre Gedan-*
*   ken zu machen. Gerne können Sie sich schriftliche Notizen*
*   machen."*

Die TN machen sich ihre Gedanken und evtl. Notizen.   | Einzelarbeit


15'   **6. Austausch über die Emmaus-Ostergeschichte LK 24**

Das LT führt die TN ein:   | Austausch in Dreier-Gruppen
*„Bitte bilden Sie nun Dreier-Gruppen und tauschen Sie sich*
*über die Erkenntnisse, Eindrücke und Fragen aus, die sich*
*durch die Emmaus-Geschichte und Ihr Nachdenken ergeben*
*haben."*

Die TN bilden Dreiergruppen und formulieren jeweils für
sich ihr eigenes Befinden.

Das LT leitet zum Austausch im Plenum über:
*„Bitte beenden Sie Ihre Gespräche in den Kleingruppen und*
*setzen Sie sich wieder in den Kreis."*

| Zeit | Inhalt | Arbeitsform | Material |
|---|---|---|---|
| 20' | **7. Vertiefung der Emmaus-Ostergeschichte Lk 24** | | |
| | Das LT fragt die TN: *„Welche Antworten haben Sie beim Austausch gefunden, die Sie nun in der Runde mitteilen wollen?"* | Plenum | |
| | Die TN antworten spontan. Das LT fragt die TN weiter: *„Welche Impulse, Fragen, Deutungsansätze und Anfragen haben Sie im Blick auf Ostern bzw. die Auferstehung Jesu?"* | | |
| | Die TN äußern sich, das LT geht darauf ein. Aussagen und Anregungen in H1 bieten Hintergrundinformationen zu Deutungsmöglichkeiten und Verstehensansätzen zur Auferstehung Jesu. | | (H1) bietet Links im Blick auf mögliche Fragen |
| 10' | **8. Persönliche Vertiefung des Ostergeschehens** | | |
| | **(Variante 1:) Symbolisierung der Auferstehung durch Symbole** Das LT legt Symbole aus und fragt die TN: *„Wo haben Sie Momente der Auferstehung schon erlebt, auch gesellschaftlich, wo hat Ihr Herz gebrannt?"* (oder) *„Wie äußert sich Auferstehung in Ihrem eigenen Leben, in Ihrer Gemeinde, in der Gesellschaft?"* Die TN antworten spontan. | Plenum im Kreis ohne Tische | Symbole / Gegenstände wie Kerze, Samen, Glocke, Pflanze, Stein, Blume, Blüte, Schnur, Schneckenhaus, Muschel, Kästchen, Kreuz, Hostie, Kaffeebohne, Wasserschälchen, Herz, Streichhölzer … |
| | **(Variante 2a:) Symbolisierung der Auferstehung durch Labyrinth-Ausmalen** Das LT verteilt M5 und Buntstifte und führt ein: *„Das Ausmalen bietet eine intensive Form der Beschäftigung mit einem Labyrinth. Die Hand macht sich aktiv auf den Weg. Handgemalte Linien bewähren sich, weil sie als lebendig erlebt werden. Auch das bloße Betrachten eines Labyrinthes kann eine verblüffende Wirkung entfalten, nach dem richtigen Weg suchen lassen und in den Zustand einer angenehmen Versenkung bringen. Sie haben nun die Möglichkeit, Farbe ins Labyrinth zu bringen: Mit Buntstiften können Sie sich an die vorgegebenen Bahnen halten und die Wege farblich gestalten – ob Ton in Ton ineinander übergehend oder deutlich* | Plenum im Kreis mit Tischen | (M5) Labyrinth ausmalen<br><br>Buntstifte |

| Zeit | Inhalt | Arbeitsform | Material |
|------|--------|-------------|----------|
| | | | |

*abgesetzt: Beides ist möglich. Wer die Farben über die Bahnen hinauswachsen lässt, schafft neben der Ebene des Labyrinthes selbst eine weitere farbliche Ebene mit anderen, neuen Regeln – und so entsteht ein ganz neuer Zusammenklang."*
Die TN malen das Labyrinth M 5 aus.

**(Variante 2b:) Symbolisierung der Auferstehung durch Labyrinth-Begehung**
Das LT hat ein Labyrinth vorbereitet und führt die TN ein:
*„Von einem Labyrinth sprechen wir angesichts einer unübersichtlichen oder verwirrenden Situation, die ein ‚Labyrinth der Gefühle' in uns bewirkt, oder in einer ähnlichen Metapher vom Labyrinth unseres Lebens. Labyrinthe gibt es als gebaute Anlage mit Mauern, aus Pflanzen, als Bodenmarkierung oder als Plan, der einen Weg anbietet, den Betrachtende selbst begehen oder mit den Augen nachvollziehen können."*

Plenum im Kreis ohne Tische

(H2) Labyrinth mit Erläuterung

**Bitte Zeit- und Materialaufwand beachten!**

Das LT weist die TN an:
*„Das Labyrinth kann von einer Seite her betreten werden. Unser LT wird nun zuerst ein Stück weit auf dem Labyrinth-Weg gehen und zunächst soll nur eine Person nachfolgen mit ihrem eigenen Geh-Tempo."*

Eine Person aus dem LT betritt das Labyrinth, danach folgt eine Person der TN. Das LT fordert die nächste Person auf:
*„Nun kann die nächste Person folgen, damit ein ruhiges Gehen möglich wird."*
Die nächste Person betritt das Labyrinth usw.
Am Schluss setzen sich alle TN wieder in den Stuhlkreis.

Einzelperson geht

Nächste Einzelperson geht

Plenum im Kreis

5'  **9. Abschluss**

Das LT aktiviert die TN:
*„Das Lied im Gesangbuch ‚Wo einer dem anderen neu vertraut' EG Wü 551 nennt verschiedene Beispiele, wo wir heute Osterspuren finden können. Lassen Sie uns dieses Lied gemeinsam singen."*
Das LT und die TN singen gemeinsam die Strophen.

Anregung: Möglicher Abschluss mit einem gemeinsamen Osteressen

Plenum

Evangelische Gesangbücher
ggf. Lieder-App Cantico zur Begleitung des Singens

Vorbereitete gedeckte Tafel und Mahlzeiten

# Unterwegs nach Emmaus

# Material

# Bibeltext Lukas 24, 13 – 35

### Die Emmaus-Geschichte

Frei nacherzählt für drei Rollen: Jünger A, Jünger B, der Auferstandene (aktualisiert 2018: Georg Schützler)

Die Nacherzählung zielt darauf, dass die TN sich vertiefend auf die Erfahrungen der Emmaus-Jünger einlassen. Deshalb bietet und braucht sie Zeit. Wenn die zur Verfügung stehende Zeit knapp ist, kann die Nacherzählung nach eigenem Ermessen gekürzt werden.

**Jünger A:** Nichts wie weg.
Komm, das hat alles keinen Sinn mehr,
ich muss hier raus,
ich halt das einfach nicht mehr aus,
sonst zerreißt noch meine Seele.

**Jünger B:** Du hast recht,
mir geht es genauso.
Es ist, als ob mir die Luft wegbleibt.
Wenn ich hier nicht gleich verschwinde
dann bricht alles in mir zusammen.

**Jünger A:** Komm, pack deinen Mantel,
sonst erfrieren wir noch in dieser kalten und
herzlosen Welt.

**Jünger B:** Nur eins ist im Augenblick wichtig:
raus aus der Stadt, nur raus.
Nichts mehr sehen,
nichts mehr hören,
niemandem begegnen,
kein Wort mehr sprechen müssen.

**Jünger A:** Am besten fliehen.
Den Kragen hochschlagen, dass einen ja
niemand erkennt
und dann schnellen Schrittes raus, raus, raus.

**Jünger B:** Und wohin?

**Jünger A:** Egal.
Nenn's Emmaus, nenn's Nirgendwo.
Weg, ab und davon.
Meine Seele schreit nach Abstand, Distanz.
Und je wüster, je grässlicher der Weg,
desto besser.
Bloß keine Ablenkung,
kein Tingel-Tangel.

**Jünger B:** Okay, ich bin dabei,
abhauen ist echt das Beste was wir jetzt tun
können,
sonst versinken wir noch in unserem
Gefühlschaos.

**Jünger A:** Ich kapier das immer noch nicht.
Kannst du dich erinnern,
wie es uns noch vor einer Woche ging?

**Jünger B:** Ja, da waren wir alle bester Laune,
eine Superstimmung.

**Jünger A:** Stimmt, mit unserem Meister Jesus
mitten in Jerusalem,
mit dem Gefühl am Puls der Zeit zu sein.
So als wenn wir einer Zukunft entgegengehen,
in der es eine Lust ist zu leben,
ohne Angst vor Gewalt und Fremdbestimmung.

**Jünger B:** Genau. Bei jedem von uns eine ähnliche
Stimmung:
Ab jetzt lohnt es sich zu engagieren.
Lasst uns die Ärmel hochkrempeln,
die neue Zeit ist da.

**Jünger A:** Wir waren uns doch alle einig,
mit Jesus die Führungsfigur, den Messias
gefunden zu haben
der die neue Zeit einläutet.

**Jünger B:** Oder waren wir alle mit Blindheit geschlagen,
hatten wir zu viel von Jesus erwartet?
War er mit seiner Handwerkervergangenheit
vielleicht doch zu einfach gestrickt,
zu blauäugig, zu wenig gerissen?

**Jünger A:** O Mann, ich werde die Bilder nicht mehr los,
  wie sie ihn da zur Kreuzigung geschleppt haben.
  Dieses schmerzverzerrte Gesicht.
  Und diese Gottverlassenheit,
  als er da oben hing. Und warum, warum hing er da,
  wie Jesus die bisherige Welt in Frage gestellt hat
  zu Gunsten einer neuen Welt, dem Himmelreich.

**Der Auferstandene:** War es mit ihm nicht so,
  als wenn er die alte Schale,
  die verkrusteten Haltungen und Strukturen,
  die lebensfernen Traditionen und Rituale
  aufbrechen wollte zu Gunsten einer Welt,
  die von Menschlichkeit und Liebe,
  von Barmherzigkeit, Güte und Frieden geprägt ist.
  Hat er mit seinem Gottesbild, dem Gott,
  der die Sonne über Gerechte und Ungerechte,
  über Gute und Böse aufgehen lässt,
  hat er damit nicht auch die alte Welt der
  Religion aufgebrochen und verschreckt?
  Und Freunde, wie ist es, wenn man die
  bestehende Welt so ad absurdum führt,
  alte Traditionen und Gewohntes so in Frage stellt und
  etwas Neues so deutlich und eindrücklich propagiert?
  Liebe Freunde, muss das in Folge nicht zu einem
  schmerzlichen und leidvollen Prozess führen?
  Und dem hat sich euer Freund und Meister gestellt.
  Bis zur bitteren Neige hielt er dem stand,
  dass seine Botschaft vom Himmelreich gilt,
  von Gott so gewollt ist.
  Freunde, das Kreuz ist damit zum
  Siegeszeichen geworden,
  dass auch die Tötung eines Menschen
  die Macht der Liebe, mit allem, was sie in sich birgt,
  nicht ausgelöscht werden kann.
  Freunde, glaubt mir, euer Freund und Meister,
  der am Kreuz hing, der lebt,
  der ist lebendiger als ihr glaubt.
  Schaut mal in die Welt eures Herzens,
  da ist er zu sehen, da ist er zu Hause,
  da ist er mit euch unterwegs.

**Jünger A:** Merkwürdig, irgendwie
  tut sich grad der Himmel auf,
  als wenn sich die Wolken verziehen.
  Irgendwie hab ich die Zeit vergessen.

**Jünger B:** Mir geht's ähnlich.
  Als wenn wir schon ewig unterwegs sind.
  Irgendwie ist der Druck weg.

**Jünger A:** Sag mal, ich hab grad das Gefühl,
  als wenn ich aus einem Tagtraum erwache –
  war da irgendwer bei uns?

Hat da nicht jemand unsere Gedanken geführt,
  unser Gespräch begleitet.
  Wie sind wir denn auf all diese Ideen
  von der Schwangeren, von dem Ei,
  von Ägypten und dem Kreuz
  als Siegeszeichen gekommen?

**Jünger B:** Du da ist jemand bei uns,
  da begleitet uns doch jemand,
  spürst du das nicht auch?

**Jünger A:** Mir geht das ganz ähnlich,
  ich hatte ab irgendeinem Zeitpunkt das Gefühl,
  als wenn da jemand bei uns ist,
  der uns bestens versteht, jemand, der ganz tief in
  unsere Seele schaut. Du, das mit dem Tod,
  das mit dem Leiden Jesu wirkt auf einmal so,
  als wenn wir damit beschenkt sind,
  fast wie mit einem göttlichen Gütesiegel.

**Jünger B:** Komisch, irgendwie hat der Tod seine grausige
  Dimension verloren. Du, mir kommt da grad noch
  so eine Idee wie ein Gleichnis.
  War es mit dem Tod Jesu nicht so,
  wie mit den Weintrauben, die in eine Kelter,
  in eine Presse müssen. Trauben, die gestoßen,
  gequetscht und gepresst werden,
  damit am Ende ein göttliches Getränk entsteht,
  der Freude stiftende Wein.

**Jünger A:** Mit dem Weizen ist das doch auch nicht
  anders. Diese wohlgeformten kleinen Körner
  werden gerieben, gemahlen, zermalmt bis hin
  zum Mehlstaub, und erst dann werden sie zum Brot
  zum goldgelben Brot,
  zur Nahrungsquelle aller Menschenkinder.
  Ist das nicht auch mit unserem Meister,
  mit unserem Menschenbruder passiert?

**Jünger B:** Weißt du was,
  wir müssen jetzt ein Mahl feiern,
  so, wie wir es mit ihm immer gefeiert haben.
  Brot und Wein muss auf den Tisch.
  Und er ist auf alle Fälle mit dabei, wie auch immer.

**Jünger A:** Wie gut, dass wir den Weg gegangen sind
  Und wie gut, dass wir jetzt noch dieses Mahl zu
  uns nehmen.

...

**Jünger B:** Weiß du was, jetzt wird es höchste Zeit,
  dass wir wieder unsere Freunde in Jerusalem
  aufsuchen und ihnen erzählen, was wir auf unserem
  Weg nach Emmaus erlebt haben.

**Jünger A:** Okay, das machen wir.
  Auf, pack deine Sachen, wir gehen. Er lebt!

**Jünger B:** Ja, er lebt!

# Material

## Bibeltext Lukas 24, 13 – 33

### Die Emmaus-Geschichte

Für drei Sprecher*innen: Erzähler, Jesus, Jünger

**Erzähler:** Und siehe, zwei von ihnen gingen an demselben Tage in ein Dorf, das war von Jerusalem etwa sechzig Stadien entfernt; dessen Name ist Emmaus. Und sie redeten miteinander von allen diesen Geschichten. Und es geschah, als sie so redeten und einander fragten, da nahte sich Jesus selbst und ging mit ihnen. Aber ihre Augen wurden gehalten, dass sie ihn nicht erkannten. Er sprach aber zu ihnen:
**Jesus:** Was sind das für Dinge, die ihr miteinander verhandelt unterwegs?

**Erzähler:** Da blieben sie traurig stehen. Und der eine, mit Namen Kleopas, antwortete und sprach zu ihm:
**Jünger:** Bist du der Einzige unter den Fremden in Jerusalem, der nicht weiß, was in diesen Tagen dort geschehen ist?

**Erzähler:** Und er sprach zu ihnen:
**Jesus:** Was denn?

**Erzähler:** Sie aber sprachen zu ihm:
**Jünger:** Das mit Jesus von Nazareth, der ein Prophet war, mächtig in Tat und Wort vor Gott und allem Volk; wie ihn unsre Hohenpriester und Oberen zur Todesstrafe überantwortet und gekreuzigt haben. Wir aber hofften, er sei es, der Israel erlösen werde. Und über das alles ist heute der dritte Tag, dass dies geschehen ist. Auch haben uns erschreckt einige Frauen aus unserer Mitte, die sind früh bei dem Grab gewesen, haben seinen Leib nicht gefunden, kommen und sagen, sie haben eine Erscheinung von Engeln gesehen, die sagen, er lebe.Und einige von denen, die mit uns waren, gingen hin zum Grab und fanden's so, wie die Frauen sagten; aber ihn sahen sie nicht.

**Erzähler:** Und er sprach zu ihnen:
**Jesus:** O ihr Toren, zu trägen Herzens, all dem zu glauben, was die Propheten geredet haben! Musste nicht der Christus dies erleiden und in seine Herrlichkeit eingehen?

**Erzähler:** Und er fing an bei Mose und allen Propheten und legte ihnen aus, was in allen Schriften von ihm gesagt war. Und sie kamen nahe an das Dorf, wo sie hingingen. Und er stellte sich, als wollte er weitergehen. Und sie nötigten ihn und sprachen: Bleibe bei uns; denn es will Abend werden, und der Tag hat sich geneigt. Und er ging hinein, bei ihnen zu bleiben. Und es geschah, als er mit ihnen zu Tisch saß, nahm er das Brot, dankte, brach's und gab's ihnen. Da wurden ihre Augen geöffnet, und sie erkannten ihn. Und er verschwand vor ihnen. Und sie sprachen untereinander:
**Jünger:** Brannte nicht unser Herz in uns, da er mit uns redete auf dem Wege und uns die Schrift öffnete?

**Erzähler:** Und sie standen auf zu derselben Stunde, kehrten zurück nach Jerusalem und fanden die Elf versammelt und die bei ihnen waren.

# Material

# Fragen für persönliches Nachdenken

Die Fragen werden für alle TN auf je einer Seite so ausgedruckt, dass genügend Platz für schriftliche Notizen bleibt.

### Frage 1
**Was berührt mich an der Emmausgeschichte?**

___________________________________________________________

___________________________________________________________

___________________________________________________________

### Frage 2
**Ist mir in der Erzählung etwas aufgefallen oder aufgegangen, was ich bisher noch nicht so wahrgenommen oder gesehen habe?**

___________________________________________________________

___________________________________________________________

___________________________________________________________

### Frage 3
**Welche Fragen haben sich ergeben oder sind für mich geblieben, die ich gern mit anderen austauschen würde?**

___________________________________________________________

___________________________________________________________

___________________________________________________________

# M5 Material

## Ein Labyrinth ausmalen

Das Ausmalen bietet eine intensive Form der Beschäftigung mit einem Labyrinth. Die Hand macht sich aktiv auf den Weg. Handgemalte Linien bewähren sich, weil sie als lebendig erlebt werden. Auch das bloße Betrachten eines Labyrinthes kann eine verblüffende Wirkung entfalten, nach dem richtigen Weg suchen lassen und in den Zustand einer angenehmen Versenkung bringen.

Sie haben nun die Möglichkeit, Farbe ins Labyrinth zu bringen: Mit Buntstiften können Sie sich an die vorgegebenen Bahnen halten und die Wege farblich gestalten – ob Ton in Ton ineinander übergehend oder deutlich abgesetzt: Beides ist möglich. Wer die Farben über die Bahnen hinauswachsen lässt, schafft neben der Ebene des Labyrinthes selbst eine weitere farbliche Ebene mit anderen, neuen Regeln – und so entsteht ein ganz neuer Zusammenklang.

# Hintergrund

## Hintergründe und Links im Blick auf mögliche Fragen

Die EKD zur Frage: Wie kann man an die Auferstehung glauben?
*www.ekd.de/Auferstehung-11155.htm*

Bibelwissenschaft.de mit Hintergrundinformationen zum Thema „Auferweckung"
*www.bibelwissenschaft.de/stichwort/14261*

Die Evang. Akademikerschaft (ea) über Kernfragen zum Auferstehungsglauben
*www.kernfragen-des-glaubens.de/12-auferstehung-der-toten-jungstes-gericht-ewiges-leben*

Diskussion zur Auferstehung bei chrismon.de
*www.chrismon.evangelisch.de/schlagworte/auferstehung*

# Hintergrund

## Anlegung eines Labyrinths

Wenn ein geeigneter Raum oder Platz zur Verfügung steht und genügend Vorbereitungszeit (mindestens 45 Minuten) für das Erstellen des Labyrinthes, bietet sich das Labyrinth Der Pilgerweg aus San Vitale in Ravenna als vertiefende Erfahrung an.[1] Dieses Labyrinth wird aus der Mitte heraus auf den Wegmarkierungen begangen. Am Ende eröffnet sich der Weg von ganz innen nach außen, wo eine Kerze aufgestellt und angezündet werden kann.

### Anleitung zum Anlegen des Labyrinthes

In einem Raum ist eine runde Fläche mit 10 m Durchmesser erforderlich, damit mehrere Personen gleichzeitig auf den Wegen des Labyrinthes gehen können. Mit einer Schnur und Kreide werden sieben Kreise auf den Boden gezeichnet. Wenn der größte Kreis 10 m hat und der kleinste Kreis in der Mitte 1,6 m, dann ergeben sich für die weiteren Kreise jeweils Abstände von 0,7 m zwischen den Kreisbahnen. Die Mitte wird mit einem schweren Gegenstand fixiert, einmal werden die Abstände der Kreise markiert und dann die Kreisbahnen von den Markierungspunkten aus mit Kreide um die Mitte gezogen.

Im nächsten Schritt werden mit Kreppband zunächst die Wegstücke, die zwischen Kreisbahnen verlaufen und die Kreise verbinden, markiert/auf den Boden geklebt (rot markiert, auf Seite 92). Die Kreisbahnen werden durch Kreppstreifen markiert, die in Abständen auf den Boden geklebt werden. So reicht eine komplette Rolle Kreppband (50 m) aus. Soll die komplette Wegstrecke markiert werden, wird Markierungsmaterial für ca. 160 m benötigt (Seile, Stoffstreifen, Steine, Rindenmulch o. Ä. im Freien; auf glattem Boden bei trockenem Wetter auch Straßenkreide). Achtung: Insbesondere das Markieren ist mit erheblicher körperlicher Anstrengung verbunden (Pause oder noch besser Zeit zum Duschen einplanen).

### Begehen des Labyrinthes

Das Labyrinth kann von einer Seite her betreten werden. Wenn die Leitungsperson das vormacht, ein Stück auf dem Labyrinth-Weg geht und 1) darauf hinweist, dass jede Person ihr eigenes Gehtempo wählen kann und 2) nach einigen Schritten auf dem Labyrinth-Weg sagt, dass nun die nächste Person folgen kann, wird ein ruhiges Gehen möglich.

### Zeitbedarf

Je nach Gruppengröße 10 bis 12 Minuten, bei größeren Gruppen etwas länger.

---

[1] Das Labyrinth aus Marmor in San Vitale in Ravenna ist Teil des zentralen Oktogons unter der Kuppel (Italien, 16. Jh.).

**Hinweise zum Labyrinth „Der Pilgerweg"**

Ein altes Lied der Santiago-Pilger lässt singen:

Ehe ich die lange Reise beginne,

tut es not, dass ich mich auf mich selber besinne,

an die Mauer stoße, bis diese fällt

und mich nicht mehr gefangen hält.

In Zeiten der Sünde bin ich gefangen.

Sobald ich mich auf dem Bußweg befinde,

werde ich Hilfe erlangen.

Dieses alte Pilgerlied „zeigt die Weisheit eines ‚aufgebrochenen' Lebens und spricht davon, dass die Hilfe bereits ‚unterwegs' ist. Ein heilsamer Weg tut sich auf."[2]

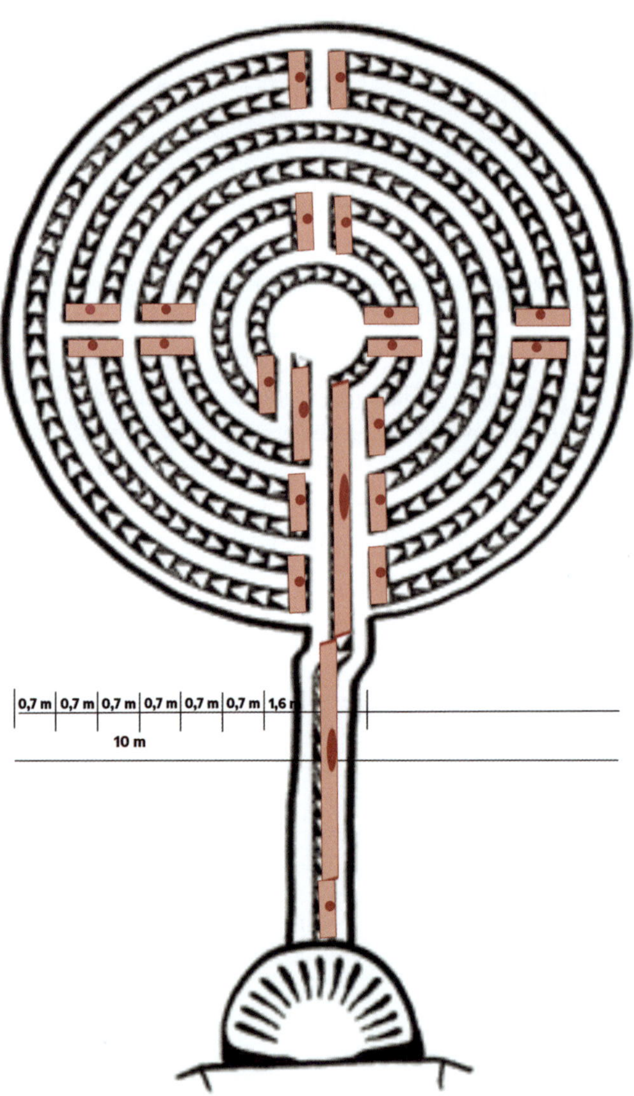


[2] Marion und Werner Küstenmacher, Labyrinthe. Neue Wege finden, Bassermann-Verlag, München 2006, S. 96. Sie weisen für das Labyrinth in San Vitale darauf hin: „Die weißen Pfeile auf schwarzem Grund sind Richtungspfeile. Bei diesem Kirchenlabyrinth aus Ravenna beginnt man also in der Mitte und läuft dann den Weg hinaus. Dahinter steckt die Vorstellung von der Welt als Labyrinth, in deren sündiger Struktur man sich selbst und Gott verloren hat. Wer sich auf sich selbst besinnt, spürt aber, was ihm fehlt, und sehnt sich nach einem erlösenden Ausweg und nach Hilfe." Es schließe sich ein achteckiges „Feld der Gnade" an, das die Auferstehung als befreiende Begegnung mit Gott symbolisiere.

Blick in Richtung Mitte des Labyrinthes und auf das letzte Wegstück nach oben / außen zur Kerze.

Das Labyrinth wird von links im Bild betreten und vom Mittelpunkt aus auf den Wegmarkierungen begangen.

# Pfingsten

## 5. Entdeckungsreise

# Der eine Geist (ver-)mag vieles

5. Entdeckungsreise: Pfingsten

**Ziele der Entdeckungsreise:**

• Die TN können Wirkungen des Geistes beschreiben und bei sich entdecken.

• Die TN nehmen die Vielfalt an Kirchen und Konfessionen wahr und erkennen die darin
  enthaltenen Aufgaben zur Suche nach Einheit und christlichem Miteinander.

• Die TN bekommen Lust, sich dem Pfingstfest neu zuzuwenden.

# V Verlauf

| Zeit | Inhalt | Arbeitsform | Material |
|---|---|---|---|
| 5' | **1. Einstieg**<br><br>Das LT begrüßt die TN und gibt einen Überblick über die Einheit:<br>*„Heute werden wir gemeinsam über das Pfingstfest nachdenken. Es wird seit dem 4. Jh. von Christinnen und Christen in der ganzen Welt gefeiert. Wir werden uns mit dem biblischen Text beschäftigen und nach der Bedeutung fragen, die das Fest heute hat.“* | Plenum | |
| 10' | **2. Pfingsten als Geschenk im Kirchenjahr**<br><br>Das LT weckt Interesse an Pfingsten als Fest im Kirchenjahr:<br>*„Drei große Feste prägen das Kirchenjahr: Weihnachten, Ostern und Pfingsten. An Weihnachten und an Ostern machen wir uns Geschenke, weil Gott uns durch Jesus Christus auch ein Geschenk gemacht hat. An Pfingsten gibt es keine Geschenke. Wir werden in der folgenden Stunde der Frage nachgehen, was Gott uns eigentlich an Pfingsten schenkt.“*<br><br>Das LT weist auf die Geschenkkiste hin, die für alle sichtbar im Raum steht, und lässt sie von den TN auspacken.<br><br>Das LT aktiviert die TN:<br>*„Betrachten Sie doch einmal die Gegenstände aus der Geschenkkiste. Welcher Gegenstand passt dann für Sie am besten zu Pfingsten? Bitte nehmen Sie sich diesen Gegenstand aus der Kiste heraus.“*<br><br>Das LT fordert die TN auf:<br>*„Bitte stellen Sie uns den von Ihnen gewählten Gegenstand vor und erläutern Sie in einem Satz, welche Verbindung Sie darin zu Pfingsten sehen.“*<br><br>Die TN stellen ihren Gegenstand mit einem Satz vor.<br><br>Das LT beendet die Runde und die Gegenstände werden neben der Kiste abgelegt. | Plenum | (H1) Geschenk-kiste |

| Zeit | Inhalt | Arbeitsform | Material |
|---|---|---|---|
| 20' | **3. Apostelgeschichte 2 als Schlüsseltext für Pfingsten** | | |

20' · **3. Apostelgeschichte 2 als Schlüsseltext für Pfingsten**

Das LT leitet über zur Bibelarbeit:
*„Wir beschäftigen uns nun mit dem Bibeltext, der das Pfingstfest begründet."*

Arbeitsform: Kleingruppe

Das LT verteilt die Arbeitsblätter M1 und M2 an alle TN. Anschließend können Kleingruppen zu je vier bis fünf Personen (je nach Größe der Gesamtgruppe) gebildet werden.

Material: (M1) Apg 2

Das LT aktiviert die TN:
*„Lesen Sie gemeinsam den Bibeltext M1 und tauschen Sie sich über folgende Fragen aus: Was fällt mir besonders auf? Welche Wirkungen des Heiligen Geistes werden beschrieben? Halten Sie anschließend anhand von M2 Ihre wichtigsten Erkenntnisse fest."*

Arbeitsform: Kleingruppe

Material: (M2) Fünf-Finger-Methode

Das LT beendet die Kleingruppenphase. Die TN kommen wieder im Plenum zusammen. Das LT bittet die TN ihre Entdeckungen zu teilen:
*„Bitte ergänzen Sie den Satz: ‚Ich habe gerade in dieser Geschichte für mich neu entdeckt, dass…'."*

Arbeitsform: Plenum

Die TN tauschen sich aus. Das LT beantwortet ggf. Fragen mithilfe von H2.

Material: (H2) Erläuterungen zu Apg 2

| Zeit | Inhalt | Arbeitsform | Material |
|---|---|---|---|
| 20' | **4. Pfingsten heute: Wirkungen des Heiligen Geistes** | | |
| | Das LT knüpft die Verbindung zwischen der Pfingsterzählung und dem Glaubensalltag der TN: *„Im Anschluss an die Bibelarbeit vertiefen wir nun zwei Erfahrungen, die im Text beschrieben werden: 1) Wir gehen der Frage nach, welche Wirkungen der Heilige Geist heute hat. 2) Wir fragen, wie (weltweit und vor Ort) in Kirchen und Gemeinden Einheit in Vielfalt gelebt und geglaubt wird."* | Plenum | |
| | Das LT legt die Bildkartei M3 für alle sichtbar aus. Das LT aktiviert die TN: *„Die Apostel konnten sagen: Ich habe den Heiligen Geist. Seit ihren Erfahrungen an Pfingsten ist das klar. Aber wie ist das für uns heute? Wie und wo spüren wir den Heiligen Geist? Bitte betrachten Sie die ausgelegten Bilder und wählen ein Bild, das für Sie eine Wirkung des Heiligen Geistes zeigt."* | | (M3) Bildkartei |
| | Das LT beendet diese Runde. Mithilfe von ausgesuchten Beispielen aus H3 erläutert das LT: *„Auch in der Bibel werden Wirkungen des Heiligen Geistes beschrieben, wie z. B. ... (das LT nennt selbst gewählte Beispiele aus H3). Tauschen Sie sich bitte mit der Person, die neben ihnen sitzt, darüber aus: Wo wirkt der Heilige Geist bei Ihnen? Was hat Ihnen der Geist geschenkt?"* | Murmelgruppe | (H3) Biblische Aussagen zum Wirken des Geistes |
| | Das LT beendet diese Runde mit der Frage: *„Wie erging es Ihnen mit dieser Aufgabe?"* | | |
| | Die TN reagieren spontan. Anschließend kann H3 als Merkblatt an die TN verteilt werden. | | |

| Zeit | Inhalt | Arbeitsform | Material |
|---|---|---|---|

### 5. In christlicher Einheit die Vielfalt leben

Das LT leitet über zur nächsten Runde:
*„Bis jetzt haben wir uns mit den Wirkungen des Heiligen Geistes auf uns selbst beschäftigt. Nun richten wir unsere Aufmerksamkeit auf das Geschenk, das Pfingsten für die weltweite Christenheit (Variante 5.1) bzw. für unsere Gemeinde (Variante 5.2) bedeutet. So, wie es verschiedene Orte und Gaben gibt, an denen der Geist wirkt, so gibt es auch innerhalb einer Kirchengemeinde und unter den weltweiten Christen große Unterschiede.*
*Im Folgenden beschäftigen wir uns mit der Frage, wie einzelne Christen ihren eigenen Glauben und ihre Werte leben und sich zugleich als Teil einer großen Gemeinde erfahren können. Entsprechendes gilt für die zahlreichen christlichen Gemeinschaften und Konfessionen weltweit. Welche Verbindungen gibt es untereinander und wie werden diese lebendig gehalten?"*

Plenum

20'  **5.1 Einheit und Vielfalt in der weltweiten Christenheit**

Das LT erläutert:
*„Was in Jerusalem und Umgebung begeisternd und doch klein angefangen hat, ist gewachsen und gewachsen. Über Zeit und Raum hinweg hat sich Kirche ausgebreitet. Ein schönes Symbol dafür ist diese Feldeiche."*
Das LT zeigt das Bild von der Feldeiche (M4).

Plenum   (M4) Feldeiche

Das LT zeigt anschließend M5 und erläutert:
*„Heute, rund 2.000 Jahre später, finden sich christliche Gemeinden in Gestalt vieler verschiedener Kirchen und Konfessionen auf der ganzen Welt. Auch diese Vielfalt hat der Heilige Geist bewirkt. Dieser Geist von Pfingsten hat auf der ganzen Welt immer wieder Neues hervorgebracht und tut es noch. Christlichen Glauben gibt es in großer Bandbreite mit vielerlei Ausdrucksformen und Akzenten. Um diese Vielfalt zusammenzuhalten, hat sich 1948 der Ökumenische Rat der Kirchen (ÖRK) gegründet. Sein Grundsatz lautet: ‚Wir sind eine weltweite Gemeinschaft von Kirchen auf der Suche nach Einheit, gemeinsamem Zeugnis und Dienst.' "*

(M5) Baum der Konfessionen

| Zeit | Inhalt | Arbeitsform | Material |
|---|---|---|---|

**Fortsetzung 5.1**

Das LT teilt M6 „Zitat des ÖRK Teil 1" aus.    (M6) Zitat ÖRK

Das LT erläutert:
*„Der ÖRK formuliert bewusst ‚auf der Suche' nach Einheit, denn immer wieder leiden wir genau an dieser Vielfalt – hier vor Ort und weltweit. Das bleibt eine Herausforderung!*
*Von Pfingsten her gedacht, ist diese Vielfalt allerdings beabsichtigt und ein Pluspunkt. Der Heilige Geist hat sie in Gang gesetzt. Diese Vielfalt in Verbundenheit zu leben, ist manchmal nicht so ohne. Denn neben denselben Wurzeln und vielen Ähnlichkeiten gibt es wesentliche Unterschiede, die man nicht so einfach unter einen Hut bekommt. Deshalb gilt nach wie vor: Wir Kirchen sind auf der Suche nach Einheit, gemeinsamem Zeugnis und Dienst."*

Das LT beschreibt anhand von M6 die Anliegen und Projekte des ÖRK auf der Suche nach der Einheit.

Das LT erläutert:
*„Was der ÖRK weltweit verfolgt, macht auf regionaler Ebene die ACK (Arbeitsgemeinschaft christlicher Kirchen) in etwas anderer Form."*

Das LT informiert anhand von H4 über die Ziele der ACK. Ggf. nimmt es Bezug auf die ACK vor Ort.    (H4) zu ÖRK und ACK

Das LT teilt M7 aus und fordert die TN auf:    Kleingruppen    (M7) Arbeitsfragen zu Einheit und Vielfalt
*„Bitte tauschen Sie sich jetzt in Kleingruppen zu den Fragen auf dem Arbeitsblatt M7 aus."*

Die TN tauschen sich zu den Fragen aus. Das LT beendet diese Runde und geht in den Schlussteil über oder schließt Variante 5.2 als nächste Einheit an.

| Zeit | Inhalt | Arbeitsform | Material |
|---|---|---|---|
| 20' | **5.2 Vielfalt wahrnehmen in der Kirchengemeinde vor Ort** | | |
| | Das LT erklärt: *„Nun richten wir unsere Aufmerksamkeit auf das Geschenk, das Pfingsten für die Gemeinde bedeutet. Dass Vielfalt und Unterschiede auch in Kirchengemeinden eine Rolle spielen, zeigt sich zum Beispiel in Entscheidungsprozessen und im Blick auf theologische Überzeugungen.“* Das LT nennt ggf. ein Beispiel aus eigener Erfahrung. | Plenum | |
| | Das LT verteilt M8. Das LT aktiviert die TN: *„Bitte kreisen Sie je für sich ein oder zwei Stichworte ein, zu denen Ihnen eine Situation einfällt, die in Ihrer Gemeinde schon kontrovers diskutiert wurde. Bilden Sie nun Kleingruppen und tauschen Sie sich über die Impulsfragen auf dem Arbeitsblatt M8 aus.“* | Kleingruppen | (M8) Vielfalt vor Ort |
| | Das LT beendet die Runde mit der Frage: *„Gibt es etwas aus der Kleingruppe, was Sie dem Plenum mitteilen möchten?“* | | |
| 15' | **6. Abschluss** | | |
| | **Variante 6.1:** **Rückgriff auf den Beginn** Das LT knüpft an den Anfang an und fragt: *„Vor uns liegen noch die Gegenstände aus der Kiste. Was würden Sie jetzt nehmen?“* Die TN äußern sich spontan. | Plenum | (H1) Geschenk-kiste |
| | **Variante 6.2:** **Ausblick auf das nächste Pfingstfest** Das LT regt einen Ausblick auf das nächste Pfingstfest an: *„Wie würden Sie jetzt am liebsten Pfingsten feiern?“* Die TN sammeln spontan Ideen. | | (M9) Der Glaube ist mehr |
| | **Abschluss mit Gesang oder Lesung der Liedtexte** Das LT lädt die TN ein, gemeinsam ein Pfingstlied zu singen oder auf einen Text (M9) zu hören. | | oder EG 136 oder wwdl plus 105: Atme in uns |
| | Das LT verabschiedet die TN. | | |

# Pfingsten

# M1 Material

## Bibeltext Apostelgeschichte 2 in Auszügen

### Die Pfingst-Geschichte

Dann kam der Pfingsttag. Alle, die zu Jesus gehört hatten, waren an einem Ort versammelt. Plötzlich kam vom Himmel her ein Rauschen wie von einem starken Wind. Das Rauschen erfüllte das ganze Haus, in dem sie sich aufhielten. Dann erschien ihnen etwas wie züngelnde Flammen. Die verteilten sich und ließen sich auf jedem Einzelnen von ihnen nieder. Alle wurden vom Heiligen Geist erfüllt. Sie begannen, in fremden Sprachen zu reden – ganz so, wie der Geist es ihnen eingab.

In Jerusalem lebten auch fromme Juden aus aller Welt, die sich hier niedergelassen hatten. Als das Rauschen einsetzte, strömten sie zusammen. Sie waren verstört, denn jeder hörte sie in seiner eigenen Sprache reden. Erstaunt und verwundert sagten sie: „Sind das denn nicht alles Leute aus Galiläa, die hier reden? Wie kommt es, dass jeder von uns sie in seiner Muttersprache reden hört? Wir kommen aus Persien, Medien und Elam. Wir stammen aus Mesopotamien, Judäa, Kappadozien, aus Pontus und der Provinz Asien, ... ja sogar aus Rom sind Besucher hier. Wir alle hören diese Leute in unseren eigenen Sprachen erzählen, was Gott Großes getan hat."

Erstaunt und ratlos sagte einer zum anderen: „Was hat das wohl zu bedeuten?"
Wieder andere spotteten: „Die haben zu viel neuen Wein getrunken!"

Da trat Petrus vor die Menge und mit ihm die anderen elf Apostel. Mit lauter Stimme rief er ihnen zu:
„Ihr Männer von Judäa! Bewohner von Jerusalem! Lasst euch erklären, was hier vorgeht, und hört mir gut zu!
Diese Leute sind nicht betrunken, wie ihr meint. Es ist ja erst die dritte Stunde des Tages. Nein, was hier geschieht, hat der Prophet Joel vorhergesagt: ‚Gott spricht: ... Über alle, die mir dienen, Männer und Frauen, werde ich in diesen Tagen meinen Geist ausgießen. Und sie werden als Propheten reden.'
Es geht um Jesus. Er hat vom Vater die versprochene Gabe erhalten: den Heiligen Geist. Den hat er über uns ausgegossen. Und genau das ist es, was ihr hier seht und hört."

Mit seinen Worten traf Petrus die Zuhörer mitten ins Herz. Sie fragten ihn und die anderen Apostel:
„Ihr Brüder, was sollen wir tun?" Petrus antwortete ihnen: „Ändert euer Leben! Lasst euch alle taufen auf den Namen von Jesus Christus. Dann wird Gott euch eure Schuld vergeben und euch den Heiligen Geist schenken."

Die Menschen, die zum Glauben gekommen waren, trafen sich regelmäßig. Sie ließen sich von den Aposteln unterweisen, pflegten ihre Gemeinschaft, brachen das Brot und beteten.

*BasisBibel. Das Neue Testament und die Psalmen, © 2012 Deutsche Bibelgesellschaft, Stuttgart*

# M2 Material

## Fünf Finger – fünf Entdeckungen

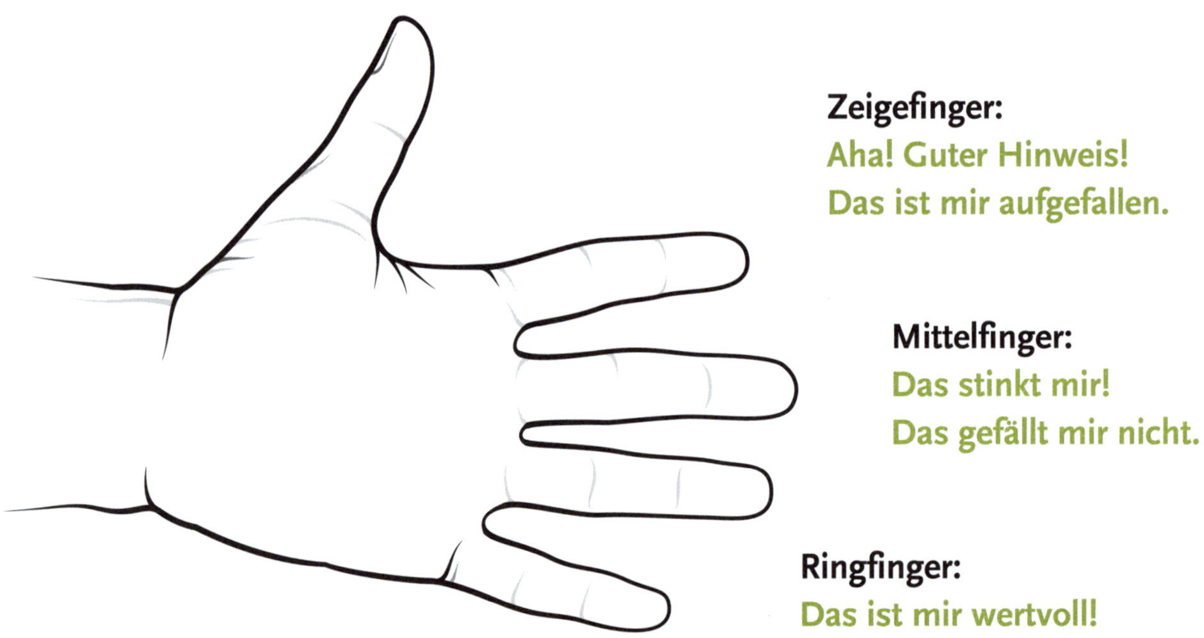

**Daumen:**
Das ist top! Das gefällt mir!

**Zeigefinger:**
Aha! Guter Hinweis!
Das ist mir aufgefallen.

**Mittelfinger:**
Das stinkt mir!
Das gefällt mir nicht.

**Ringfinger:**
Das ist mir wertvoll!

**Kleiner Finger:**
Das kommt mir zu kurz!
Dazu würde ich gern mehr wissen.

# (M3) Material

FREI
WILLIGER
© Lea Trugenberger

© Lea Trugenberger

LOBPREIS
© Lea Trugenberger

© Lea Trugenberger

# M4 Material

## Pfingsten trägt Früchte (Feldeiche)

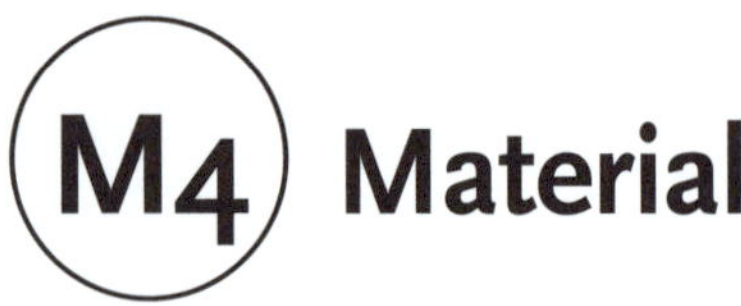

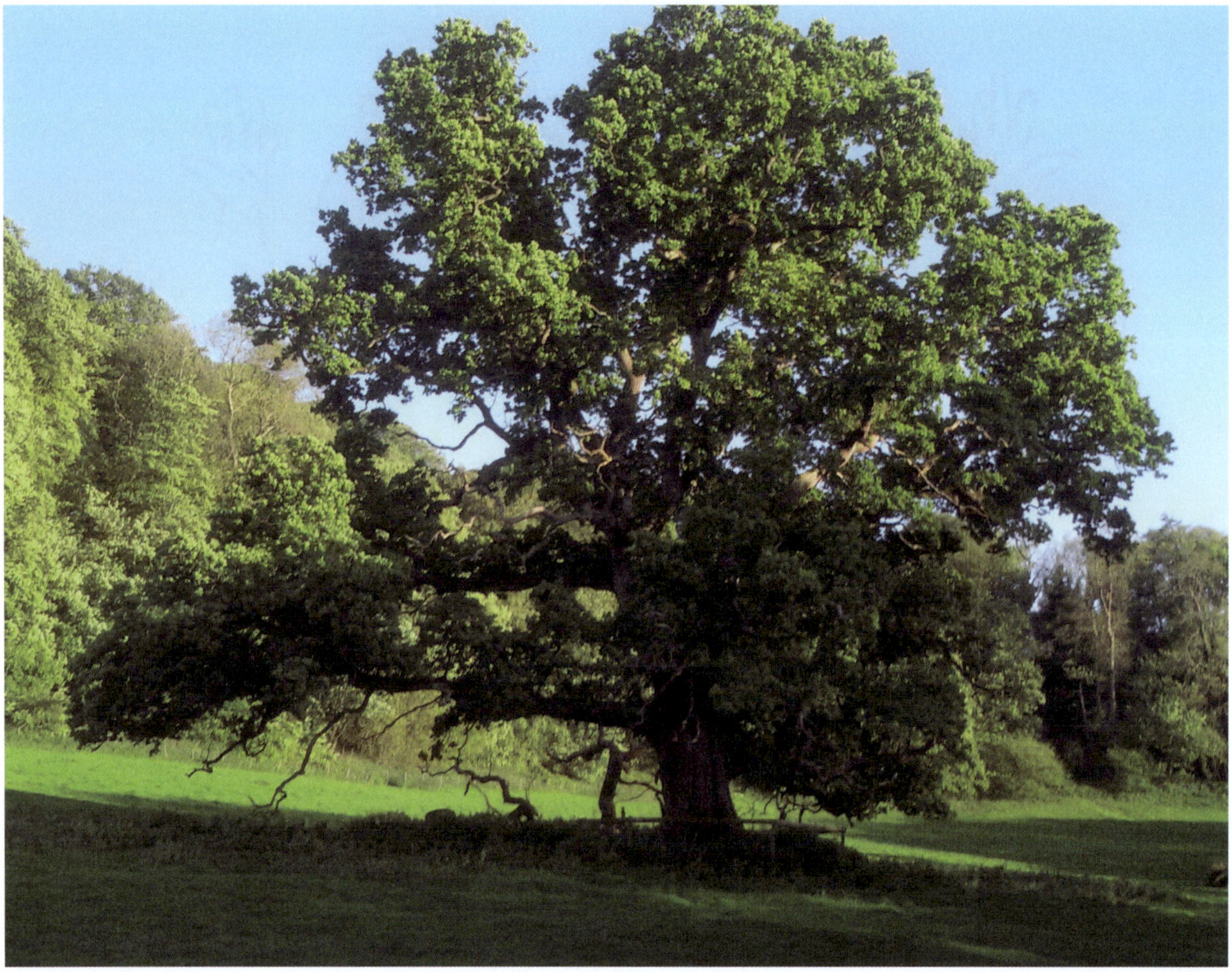

# M5 Material

## Baum der Konfessionen

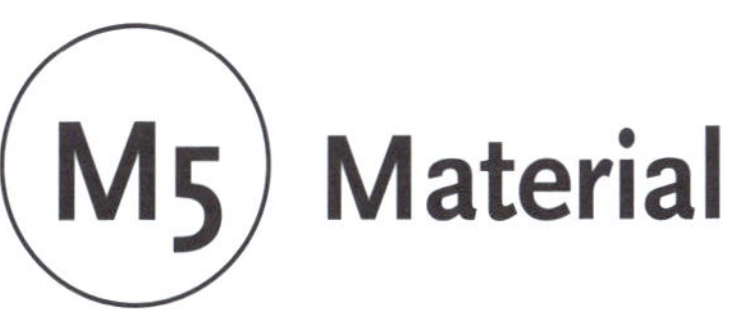

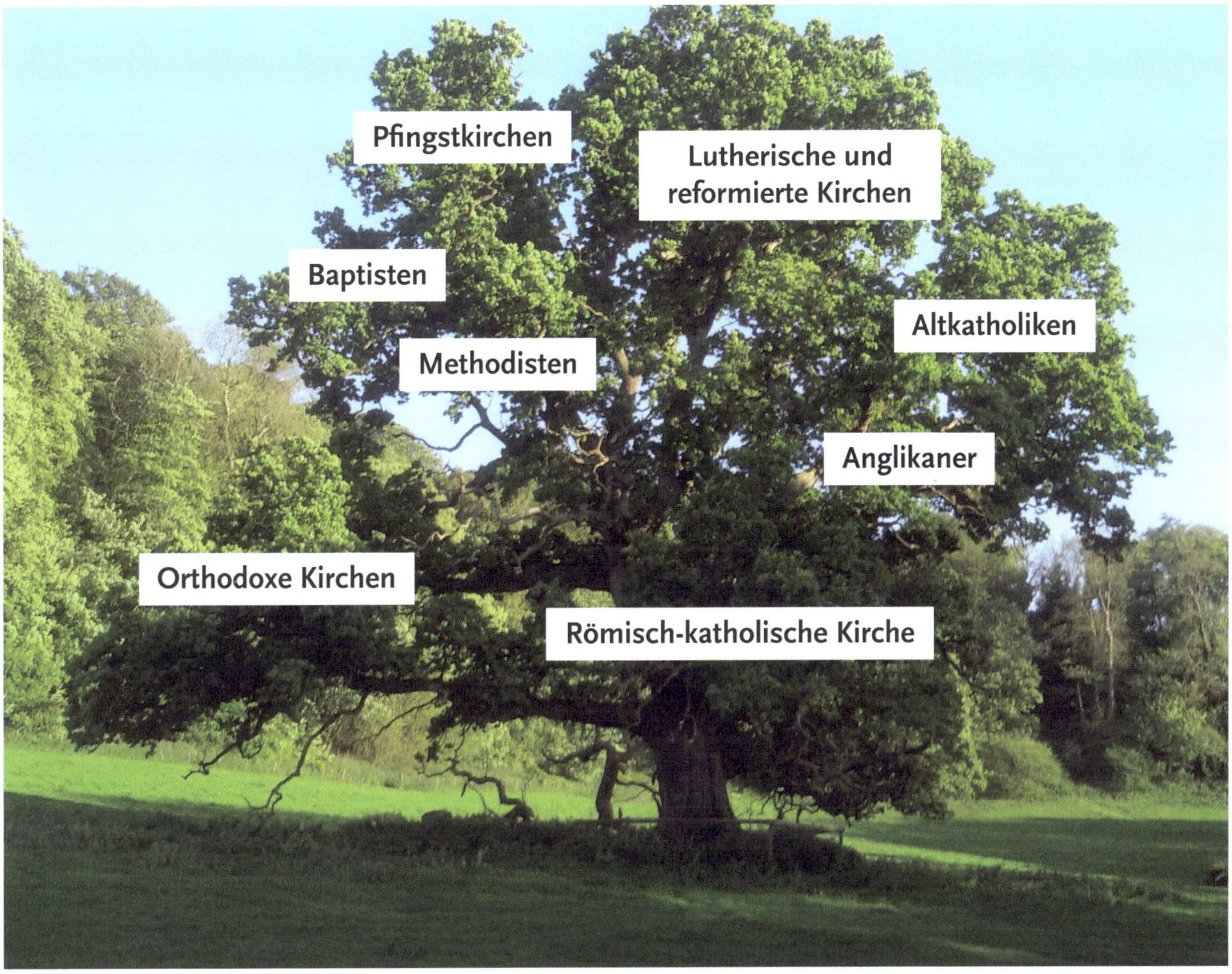

# (M6) Material

## Ökumenischer Rat der Kirchen (ÖRK)

### Das Selbstverständnis des ÖRK

Der ÖRK beschreibt sich auf seiner Homepage als „eine weltweite Gemeinschaft von Kirchen auf der Suche nach Einheit, gemeinsamem Zeugnis und Dienst".

*Quelle: www.oikoumene.org/de/was-wir-tun*

### Anliegen und Projekte des ÖRK

Anlässlich seines 70-jährigen Jubiläums hat der ÖRK seine zentralen Anliegen auf diesem Plakat zusammengefasst.

*Quelle: www.oikoumene.org/de/wcc70*

# Arbeitsfragen zu Einheit und Vielfalt

1. Gibt es bei Ihnen eine Arbeitsgemeinschaft christlicher Kirchen (ACK) –
   wenn ja, welche Kirchen gehören dazu?

   Welche Glaubensgemeinschaften gibt es bei Ihnen vor Ort? Findet Zusammenarbeit statt?

2. Wo und zu welchen Themen begegnen Sie anderen Glaubensgeschwistern
   aus anderen Konfessionen und Kirchen?

   Was würden Sie sich wünschen?

3. Wobei könnten Sie als Christen verschiedener Prägungen zusammenstehen?

   Welche Themen oder Aktionen fallen Ihnen dazu ein?

# (M8) Material

| Musik | Abendmahl | Taufe |
|---|---|---|
| Mission | Gottesdienst | Dankeskultur |
| Religiöse Prägung | Nutzung des Gemeindehauses | Möblierung des Kirchenraums |
| Jugendarbeit | Kunstwerke | Ehrenämter |
|  |  |  |

**Platz für eigene Ergänzungen**

## Impulsfragen für die Kleingruppen

1. Wozu gibt oder gab es in Ihrer Gemeinde unterschiedliche Auffassungen?
2. Was gewinnt die Gemeinde durch diese Vielfalt?
3. Wie zeigt sich das Wirken des Geistes in der Vielfalt?
4. Was bedeutet die Vielfalt für unseren Umgang miteinander als Christinnen und Christen?

# Material

## Der Glaube ist mehr

Der Glaube ist mehr
als die Kraft unsres Herzens,
der Glaube, der sich in den Schwachen erweist.
Der Glaube ist ein Geschenk von oben,
er fällt uns zu durch den Heiligen Geist.

Die Liebe ist mehr
als wir selber vermögen,
die Liebe, die man auch den Feinden erweist.
Die Liebe ist ein Geschenk von oben,
sie fällt uns zu durch den Heiligen Geist.

Die Hoffnung ist mehr
als sich Menschen erträumen,
die Hoffnung, die im Zweifel Antwort verheißt.
Die Hoffnung ist ein Geschenk von oben,
sie fällt uns zu durch den Heiligen Geist.

Die Freude ist mehr
als ein Lachen, das ansteckt,
die Freude, die Gott auch im Elend noch preist.
Die Freude ist ein Geschenk von oben,
sie fällt uns zu durch den Heiligen Geist.

Komm zu uns,
du Kraft des neuen Lebens,
komm zu uns,
Heiliger Geist.

*© Johannes Jourdan, 1990*

# H1 Hintergrund

## Inhalt der Geschenkkiste

Die Geschenkkiste sollte etwa die Größe eines Umzugskartons haben und auf einem Tisch stehen. Sie ist mit einem roten Geschenkband verschlossen.

Als Füllung sind folgende Gegenstände geeignet:

- Gießtülle
- Watte
- Streichhölzer
- Sturmfeuerzeug
- Dreidimensionale Taube
- Rose
- Windrad klein
- Bild von Windkraftanlage
- Schlüssel
- Salbe
- Kirche
- Sprachlexikon
- Kuchen / Muffin
- Taufkerze
- Uhr
- Kohle / Feuerschale
- Fragezeichen + Ausrufezeichen
- Motor
- Flöte
- Bild vom offenen Fenster / Legofenster
- Schal
- Rose von Jericho
- Bunte Federn
- Widerstandsmesser
- Samenkorn
- Mentos + Colaflasche

# Hintergrund

## Erläuterungen zu Apostelgeschichte 2

### Kontext

Die Apostelgeschichte gilt als das zweite Buch im Doppelwerk des Evangelisten Lukas.

Im ersten Kapitel der Apostelgeschichte greift der Autor noch einmal auf die 40 Tage zwischen Auferstehung und Himmelfahrt Jesu Christi zurück: Die Apostel sollen Jerusalem nicht verlassen, bis sie den Heiligen Geist und seine Kraft empfangen haben, mit dem Heiligen Geist getauft sind. Erst dann sollen sie ihn bezeugen (Apg 1,4.8). Die Apostel, die Brüder Jesu und seine Mutter und etliche Frauen warten zusammen in Jerusalem an einem Ort (Apg 1,13f.)

So, wie vor Jesu Wirken seine Taufe mit dem Heiligen Geist erzählt wird (Lk 3,22) und mit der ersten Rede in Nazareth dann verdeutlicht wird, welche Bedeutung der Geist für Jesu Wirken hat (Lk 4,16-27), so wird auch vor dem Tätigwerden derer, die zu Christus gehören, von der Geistgabe an sie erzählt und deutlich gemacht, wozu der Geist sie befähigt. Diesem Geschehen gibt Lukas viel Raum.

Kapitel 2 lässt sich folgendermaßen gliedern:
V. 1–4
Das Kommen des Heiligen Geistes und seine Auswirkung bei den versammelten Christusanhängern

V. 5–13
Juden aus allen Völkern versammeln sich und staunen über die Auswirkungen des Geistes. Sie reagieren mit Ratlosigkeit oder tun das Geschehen als Ausdruck der Trunkenheit ab.

V. 14–36
Petrus hält eine lange Rede. Er weist die abfällige Deutung zurück und klärt die Ratlosen auf. Er deutet das Geschehen als Erfüllung einer Verheißung und identifiziert den Geber des Geistes mit Jesus von Nazareth, dem Gekreuzigten und Auferweckten, dem verheißenen Nachkommen Davids, dem Messias.

V. 37–41
Die Zuhörer reagieren auf das Gehörte und eine große Gruppe lässt sich taufen.

V. 42–47
Die Getauften leben einen neuen Lebensstil, der ihnen als Gruppe Anerkennung bei jedermann und bei Gott bringt.

**Erläuterungen zu einzelnen Worten oder Begriffen:**

Apg 2,1 „Pfingsttag":
Lukas nimmt aus Lev 23,16 die Angabe des 50. Tages auf. Fünfzig heißt auf Griechisch „Pentekoste" und daraus ist dann Pfingsten geworden.
Der 50. Tag hat folgende Bedeutung: 50 Tage nach dem Sabbat des Passahfestes beginnt das Wochenfest, das große Fest der ersten Weizenernte. Das Fest, ein Erntefest, ist biblisch begründet. Es hat zunächst keine heilsgeschichtliche Bedeutung. Mit dem Geschehen der Geistgabe bekommt das Pfingstfest für die Christen heilsgeschichtlichen Charakter. Im Judentum wird im 2. Jh. n. Chr. das Wochenfest auch als Fest des Sinaibundes und der Gabe der Tora gefeiert und bekommt dadurch einen anderen heilsgeschichtlichen Schwerpunkt.

Apg 2,1 „die zu Jesus gehört hatten":
hier ist offensichtlich an den über die Apostel hinaus erweiterten Kreis aus Apg 1,13 gedacht.

Apg 2,2 – 4: Das Geschehen läuft ohne Zutun der im Hause Versammelten ab: Da ist ein Geräusch, da erscheinen die züngelnden Flammen, da wird geredet, wie der Geist es eingibt.
Bemerkenswert: Lukas betont, stärker als es in der Übersetzung der BasisBibel deutlich wird, dass das Wirken einerseits jeden Einzelnen (Apg 2, 3.6.8) betrifft, andererseits dann auch wieder alle zusammen (Apg 2,4.8.12) – und später auch so Auswirkung hat: Jeder Einzelne soll sich taufen lassen (Apg 2,38) und alle bleiben beieinander (Apg 2,44).

Apg 2,5 „Juden aus aller Welt":
Die ersten Geist„zeugen" sind keine Heiden, sondern dezidiert Juden bzw. Anhänger der jüdischen Religion. Sie kommen aus allen Völkern unter dem Himmel. An der besonderen Geschichte Gottes mit seinem Volk wird festgehalten; die Zerstreuung Israels wird in der Vielsprachigkeit ernst genommen und gleichzeitig im gemeinsamen Hören und Verstehen überwunden.

Apg 2,11 „was Gott Großes getan hat":
Die Be-Geist-erten verkündigen offensichtlich noch nicht, sondern loben Gott. Der Inhalt dessen, was der Geist eingibt, bleibt offen. Lukas versteht es als Prophezeien, als Reden dessen, was vorgegeben wird. Petrus zieht das Joel-Zitat heran, um das Geschehene zu deuten.

Apg 2,13:
Bis jetzt waren die Geistempfänger im Haus und die „Zeugen" draußen, also noch räumlich getrennt. Erst jetzt kommt es zu einer Begegnung. Petrus befindet sich außer Hauses, er gerät durch den Geist im vollen Sinn des Wortes außer Häuschen.

Apg 2,16 „hat der Prophet Joel vorhergesagt":
Lukas geht es in seinem Text darum, deutlich zu machen: Joel ist das Sprachrohr Gottes. Gott selbst macht eine Ansage, eine Verheißung – die sich jetzt erfüllt, weil und indem Jesus den Geist erhalten hat und ihn ausgießt. Bemerkenswert: die Gleichberechtigung von Jung und Alt, von Mann und Frau im Joel-Zitat. Der Geistgeber unterscheidet da nicht.

Apg 2,33 „über uns ausgegossen":
Lukas hält ausdrücklich fest: Der Zeitpunkt der Ausgießung hat begonnen. Und die Ausgießung wird nicht auf die ersten Empfänger beschränkt bleiben.

Apg 2,37 „Mit seinen Worten traf Petrus die Zuhörer mitten ins Herz":
Lukas formuliert hier, anders als die Übersetzung es nahelegt, mit dem sogenannten Passivum divinum und macht ganz deutlich: Die Zuhörer wurden ins Herz getroffen. Da passiert was von Gott her, vom Geist her. Petrus ist dafür nicht wirklich wichtig.

Apg 2,42 „regelmäßig":
Das umfasst auch: Beharrlich und kontinuierlich.
Bemerkenswert: wie der neue christliche Lebensstil beschrieben wird. Er zeichnet sich aus durch:
• Verbindlichkeit,
• Lehre (und dementsprechend Lernen) von den Aposteln, den Augenzeugen Jesu,
• Gemeinschaft, bei der es wirklich um das Gemeinsame geht
  (bis hin zum gemeinsamen Besitz und miteinander teilen)
• Mahlgemeinschaft, die für Lukas mit dem Erkennen des Auferstandenen verbunden ist (vgl. Lk 24,30f.)
• Gebet.
Die Zuwendung zu anderen wächst dann erst im weiteren Verlauf und der Entwicklung diesem Lebensstil zu, ebenso wie die Verkündigung an andere, an Nicht-Juden erst im weiteren Verlauf dazukommt – nicht gezielt beabsichtigt, sondern mit Auftrag und durch Konfrontation / Begegnung.

---

Vgl. dazu auch folgende Literatur:
Carl R. Holladay, Acts. A Commentary, 2016
Günter Stemberger, Art. Pfingsten, 1. Altes Testament u. Judentum, LThK 9, 1999, Sp.187
Alfons Weiser, Die Apostelgeschichte Kap. 1–12, ÖThK 5,1, 1981
Rudolf Pesch, Die Apostelgeschichte 1–12, EKK V/1; 1986
Deutsche Bibelgesellschaft (Hg.): BasisBibel. Das Neue Testament und die Psalmen. Stuttgart 2017.

# Hintergrund

## Ausgewählte Bibelstellen zum Wirken des Geistes

**Der Geist bewirkt Verkündigung**

• Mose sprach zu Josua: Wollte Gott, dass alle im Volk des HERRN Propheten wären und der HERR seinen Geist über sie kommen ließe! (Num 11,29)

• Darum tue ich euch kund, dass niemand, der durch den Geist Gottes redet, sagt: Verflucht sei Jesus. Und niemand kann sagen: Jesus ist der Herr, außer durch den heiligen Geist. (1 Kor 12,3)

**Der Geist macht weise, verständig und auch kreativ**

• Und der HERR redete mit Mose und sprach:
Siehe, ich habe mit Namen berufen Bezalel, den Sohn Uris, des Sohnes Hurs, vom Stamm Juda, und habe ihn erfüllt mit dem Geist Gottes, mit Weisheit und Verstand und Erkenntnis und mit allerlei Fertigkeiten, kunstreich zu arbeiten in Gold, Silber, Bronze, kunstreich Steine zu schneiden und einzusetzen und kunstreich zu schnitzen in Holz, um jede Arbeit zu vollbringen. (Ex 31,1–5)

**Der Geist hilft zum und beim Beten**

• Denn welche der Geist Gottes treibt, die sind Gottes Kinder.
Denn ihr habt ... einen Geist der Kindschaft empfangen, durch den wir rufen: Abba, lieber Vater!
Der Geist selbst gibt Zeugnis unserm Geist, dass wir Gottes Kinder sind. (Röm 8,14f)

• Desgleichen hilft auch der Geist unsrer Schwachheit auf. Denn wir wissen nicht, was wir beten sollen, wie sich's gebührt; sondern der Geist selbst tritt für uns ein mit unaussprechlichem Seufzen. (Röm 8,26)

**Mit dem Geist ist die Liebe verbunden**

• Die Liebe Gottes ist ausgegossen in unsre Herzen durch den Heiligen Geist, der uns gegeben ist. (Röm 5,5)

**Der Geist tröstet**

• Jesus sagt: Aber der Tröster, der Heilige Geist, den mein Vater senden wird in meinem Namen, der wird euch alles lehren und euch an alles erinnern, was ich euch gesagt habe. (Joh 14,26)

**Der Geist bewirkt Freiheit**

• Der Herr ist der Geist; wo aber der Geist des Herrn ist, da ist Freiheit. (2 Kor 3,17)

**Der Geist tut anderen gut**

- Der Geist Gottes des HERRN ist auf mir, weil der HERR mich gesalbt hat. Er hat mich gesandt, den Elenden gute Botschaft zu bringen, die zerbrochenen Herzen zu verbinden, zu verkündigen den Gefangenen die Freiheit, den Gebundenen, dass sie frei und ledig sein sollen; zu verkündigen ein gnädiges Jahr des HERRN und einen Tag der Rache unsres Gottes, zu trösten alle Trauernden, zu schaffen den Trauernden zu Zion, dass ihnen Schmuck statt Asche, Freudenöl statt Trauerkleid, schöne Kleider statt eines betrübten Geistes gegeben werden. (Jes 61,1–3a)

- Die Frucht aber des Geistes ist Liebe, Freude, Friede, Geduld, Freundlichkeit, Güte, Treue, Sanftmut, Keuschheit. (Gal 5,22)

- Es sind verschiedene Gaben; aber es ist ein Geist. Und es sind verschiedene Ämter; aber es ist ein Herr.
  Und es sind verschiedene Kräfte; aber es ist ein Gott, der da wirkt alles in allen.
  Durch einen jeden offenbart sich der Geist zum Nutzen aller.
  Dem einen wird durch den Geist ein Wort der Weisheit gegeben; dem andern ein Wort der Erkenntnis durch denselben Geist; einem anderen Glaube, in demselben Geist; einem andern die Gabe, gesund zu machen, in dem einen Geist. (1 Kor 12,4–9)

**Der Geist schafft Einheit**

- Seid darauf bedacht, zu wahren die Einigkeit im Geist durch das Band des Friedens: ein Leib und ein Geist, wie ihr auch berufen seid zu einer Hoffnung eurer Berufung; ein Herr, ein Glaube, eine Taufe; ein Gott und Vater aller, der da ist über allen und durch alle und in allen. (Eph 4,3–6)

**Der Geist verbindet über die Generationen und Unterschiede hinweg**

- So spricht Gott: Und nach diesem will ich meinen Geist ausgießen über alles Fleisch, und eure Söhne und Töchter sollen weissagen, eure Alten sollen Träume haben, und eure Jünglinge sollen Gesichte sehen. Auch will ich zur selben Zeit über Knechte und Mägde meinen Geist ausgießen. (Joel 3,1–3)

*Lutherbibel, revidiert 2017, © 2016 Deutsche Bibelgesellschaft, Stuttgart*

# H4 Hintergrund

## Hintergrundtext zum Ökumenischen Rat der Kirchen (ÖRK) und der Arbeitsgemeinschaft christlicher Kirchen in Deutschland (ACK)

**Wer sind ACK und ÖRK und warum gibt es sie?**
Nach dem Zweiten Weltkrieg entstand der starke Wunsch verschiedener christlicher Kirchen, sich mehr zusammenzuschließen, um mit gemeinsamer Stimme auftreten zu können. Dafür hatte es bis dato keine Plattform gegeben. Aus diesen Überlegungen heraus entstand 1948 der „Ökumenische Rat der Kirchen" (ÖRK) als weltweiter Zusammenschluss. Kurz davor schlossen sich bereits Christen auf nationaler und regionaler Ebene zur „Arbeitsgemeinschaft christlicher Kirchen" zusammen.

Während der ÖRK ein weltweiter Verbund ist, gibt es bei der ACK durchaus Unterschiede, wer auf Bundes-, Landes- oder regionaler Ebene Mitglied ist.

Während zum Beispiel die römisch-katholische Kirche in Form der Deutschen Bischofskonferenz bei der ACK in Ostdeutschland nur Beobachterstatus hatte, war sie im Westen seit 1974 Vollmitglied. Als Meilenstein der deutschen Ökumene gilt der Beitritt der Griechisch-Orthodoxen Metropolie Deutschlands 1974.

**Einblicke in das Selbstverständnis der ACK**
In den Anfangsjahren gehörten zur ACK fünf Mitgliedskirchen. Heute sind es 17 Mitgliedskirchen und sechs Gastmitglieder, vier ökumenische Organisationen haben zusätzlich Beobachterstatus.

Gemeinsame Grundlage ist das Bekenntnis zu Jesus Christus. Das Glaubensbekenntnis von Nizäa-Konstantinopel 381 n.Chr. wird ebenfalls von allen Mitgliedern als gemeinsam anerkannt.

Auch wenn es unter den Mitgliedern verschiedene Auffassungen über z. B. Taufe gibt und auch das Kirchenverständnis nicht einheitlich ist, wird dennoch daran festgehalten, dass man zur einen Kirche Jesu Christi gehört. Trotz der Unterschiede ist allen Mitgliedern wichtig, dass diese Einheit in Christus auch für andere sichtbar wird. Dazu dient die Charta Oecumenica als Leitlinie.

Es wird gegenseitig darauf verzichtet, Mitglieder der anderen Kirchen und Gemeinschaften gezielt abzuwerben. Viel wichtiger ist die Verfolgung gemeinsamer Ziele: die Wahrnehmung einer missionarischen Verantwortung für die Welt, das Eintreten für Frieden und Gerechtigkeit, die Bewahrung der Schöpfung, gerechte Gemeinschaft von Männern und Frauen.

**Einblicke in das Selbstverständnis des ÖRK**

Während es bei der ACK verschiedene Verbände eher auf regionaler Ebene gibt, repräsentiert der ÖRK als weltweite Organisation das ökumenische Bemühen um die Einheit der Christen.

Zum ÖRK gehören mehr als 500 Millionen Christen in 350 Mitgliedskirchen. In ihm finden sich fast alle orthodoxen Kirchen sowie zahlreiche lutherische, reformierte, anglikanische, methodistische und baptistische Kirchen, sowie einige unabhängige.

Zur Zeit der Gründung lag der Schwerpunkt der Mitgliedskirchen in Europa und Nordamerika, heute hat er sich nach Asien, Afrika, Lateinamerika und in den mittleren Osten verschoben.

Die weltweit größte christliche Kirche, die römisch-katholische Kirche, ist nicht Mitglied des ÖRK, arbeitet aber eng mit dem Rat zusammen.

Bei den Begegnungen der Mitgliedskirchen im Rahmen des ÖRK geht es vor allem um die gegenseitige Unterstützung und die Auseinandersetzung mit der Frage, wie eine Einheit der christlichen Kirchen in ihrer Verschiedenheit sichtbar und wirkungsvoll werden kann. Sie lassen dabei auch nicht locker in der Frage nach Abendmahlsgemeinschaft und Dienst an der Welt. Es geht wie bei der ACK um Hilfe für Menschen in Not, gemeinsamen Einsatz in Mission und Diakonie, um Frieden, Gerechtigkeit und Bewahrung der Schöpfung.

Die vielerorts bekannte „Gebetswoche für die Einheit der Christen" geht auf den ÖRK zurück. Der ÖRK will keine übergeordnete „Einheitskirche" sein, sondern eine Möglichkeit, als Christen eine sichtbare Einheit zu bilden und zusammenzuarbeiten, wo gemeinsames Handeln aller Christen gefordert ist.

# Text- und Bildrechte

### Titelseite
• © Cecilie_Arcurs – istockphoto.com

### Weihnachten
• Seite 12: © Jill Wellington – Pixabay
• Seite 18, Karte: Maria Rehm-Kordesee

### Gründonnerstag
• Seite 26: © congerdesign – Pixabay
• Seite 32 bis 34, Fotos Gemeinschaft: © Rawpixel.com / Gerhard Seybert / wavebreak3 / Photographee.eu /
Viacheslav Iakobchuk / luckybusiness – AdobeStock
• Seite 35 bis 43, Bibel in Gesichtern – Singener Trilogie: Der Abdruck der Lithografien von Emil Wachter (1921–2012)
wurde freundlicherweise von seiner Tochter Dorothee Bode großzügig gestattet. Zu der Großzügigkeit gehört die
Freiheit, einzelne Porträts unter einem anderen Namenstitel verwenden zu dürfen.
• Seite 44, Abendmahlsbild Leonardo da Vinci: Dies ist eine originalgetreue fotografische Reproduktion eines zwei-
dimensionalen Kunstwerks. Das Kunstwerk ist gemeinfrei, weil seine urheberrechtliche Schutzfrist abgelaufen ist.

### Karfreitag
• Seite 50: © congerdesign – Pixabay

### Ostern
• Seite 76 und 84: Janet Brooks-Gerloff, Unterwegs nach Emmaus; Abtei Kornelimünster, Aachen;
© VG BildKunst, Bonn
• Seite 89 und 92: Marion und Werner Küstenmacher, Labyrinthe. Neue Wege finden, Bassermann-Verlag,
München 2006, Seite 96: Labyrinth „Der Pilgerweg"
• Seite 92: Grafische Bearbeitung der Anleitung zum Anlegen des Labyrinths mit Maßangaben,
Albrecht Fischer-Braun
• Seite 93: Fotos vom Labyrinth, Albrecht Fischer-Braun

### Pfingsten
• Seite 94: Dietrich Birkenhofer, Gönningen / Das Bild zeigt den Altarraum der evangelischen Kirche in Gönningen.
• Seite 104, Hand: © MysticaLink – AdobeStock
• Seite 105 bis 109 (M3): Lea Trugenberger, Tübingen
• Seite 110 und 111 (M4, M5): Martin Winter, Reutlingen
• Seite 112 (M6): Rechte beim Ökumenischen Rat der Kirchen (ÖRK)
• Seite 112, 122 und 123, Textrechte für die Zitate der Homepages von ACK und ÖRK (M6, H4):
www.oikoumene.org/de/resources/documents/assembly/2013-busan/adopted-documents-statements/
wcc-constitution-and-rules

---

Wir haben uns bemüht, die Rechte für die abgedruckten Texte und Bilder zu klären. Sollte uns das in einzelnen
Fällen nicht gelungen sein, geben Sie uns bitte Nachricht.

## Eintauchen ins Leben

Ein Taufkurs für Erwachsene in fünf Schritten

Herausgegeben von: Birgit Rommel, Maike Sachs, Werner Schmückle, Søren Schwesig

im Auftrag der Evangelischen Erwachsenen- und Familienbildung in Württemberg (EAEW)
und der Missionarischen Dienste im Evangelischen Bildungszentrum

1. Auflage 2012, ISBN-Nummer: 978-3-7639-5077-5

## Reformationen

Hintergründe – Motive – Wirkungen

Herausgegeben von: Heike Frauenknecht, Frieder Leube, Birgit Rommel, Karola Vollmer, Petra Waschner

im Auftrag der Evangelischen Erwachsenen- und Familienbildung in Württemberg (EAEW)
und der Landesarbeitsgemeinschaft evangelischer Bildungswerke in Württemberg (LageB)

1. Auflage 2014, ISBN-Nummer: 978-3-7639-5400-1

Bestellungen sind über **www.eaew.de (Publikationen)** möglich.

# Notizen